**기대하는
결과물이
무엇인가**

기대하는 결과물이 무엇인가

ㅣ

성과를 창출하는
사람들의
첫 번째 질문

류랑도 지음

페가수스

He who has a 'why' to live
can bear with almost any 'how'

'왜' 살아야 하는지를 아는 사람은
그 '어떤' 상황도 견뎌낼 수 있다
— 프리드리히 니체 —

차례

성과를 창출해내는 사람은
'기대하는 결과물'부터 생각한다

책을 시작하기에 앞서 한 가지 같이 생각해봅시다.

클라이언트가 한겨울에 '묘지에 푸른 잔디를 심어달라'고 요청했다. 당신이라면 어떻게 하겠는가?

저는 강의할 때 가끔 참석자들에게 이 질문을 던지곤 합니다. 그러면 '인조 잔디를 깐다.' '노란 잔디를 녹색 물감으로 물들인다.' '푸른 천을 덮는다.' 등 창의력이 돋보이는 다양한 답이 나옵니다. 하지만 제가 기대한 답은 좀처럼 나오지 않습니다.

같은 질문상황에 날카롭게 핵심을 되물은 한 젊은 사업가가 있었습니다. 그는 그 질문으로 모두가 인정하고 부러워할 만한 큰 결과를 낼 수 있었습니다.

1950년대, 당시 한국에 주둔했던 미8군에서 유엔군 묘지 단장 공사에 참여할 회사를 찾기 위해 공개 입찰을 진행했습니다. 미군 측에서 한 가지 까다로운 조건을 내세웠는데, 묘지에 푸른 잔디를 깔아달라는 것이었습니다.

당시 미군과 연계된 사업은 큰돈을 벌 기회였습니다. 그러나 한겨울에 푸른 잔디를 깔 방법은 없었습니다. 많은 회사가 고개를 저으며 하나둘 입찰을 포기했습니다. 그때, 한 30대 젊은 사업가가 미군 측에 질문을 던졌습니다.

"왜 이 한겨울에 푸른 잔디를 깔려는 겁니까?"

미군 측은 곧 극비 방한하는 드와이트 아이젠하워 Dwight Eisenhower 대통령이 유엔군 묘지를 방문할 예정인데, 그에게 황량한 묘지보다는 푸른 묘지를 보여주고 싶다고 대답했습니다.

젊은 사업가가 다시 물었습니다.

"그렇다면, 꼭 잔디가 아니어도 묘지가 푸르기만 하면 되는 거 아닙니까?"

　결국, 입찰에 성공한 그 젊은 사업가는 한겨울에 푸르른 보리 싹을 수십 트럭 옮겨와 묘지에 가지런히 심어놓았습니다. 모두가 그의 추진력과 아이디어에 놀라워했습니다. 그는 입찰 금액의 세 배를 받았습니다. 그뿐 아니었습니다. 이후 미8군에서 추진하는 사업마다 그의 차지가 되었습니다.

　질문 하나로 큰 결과를 낸 젊은 사업가는 바로 당시 현대건설 사장이었던 정주영이었습니다. 정주영이 미8군 사업으로 현대건설을 초고속으로 성장시키고 오늘날 현대그룹의 토대를 마련했다는 건 이미 유명한 이야기입니다. 그리고 그 중심에 본질을 꿰뚫는 질문으로 일을 장악했던 전략가 정주영이 있었습니다.

　제가 왜 정주영 이야기로 이 책을 시작했을까요? 눈치 빠른 독자들은 이미 알아차렸겠지만, 이 짧은 에피소드에서 유독 힘이 느껴지는 키워드가 있습니다. 바로 이것입니다.

기대하는 결과물이 무엇인가?

만약 정주영이 미군에게 첫 번째 질문으로 '수요자가 기대하는 결과물'을 묻지 않았다면 어떻게 되었을까요?

입찰을 포기한 다른 회사들은 그저 '어떻게 하면 푸른 잔디를 깔 수 있을까?'를 생각하기에 급급했던 나머지 '왜 푸른 잔디를 깔아달라고 할까?' '그렇게 해서 기대하는 결과물이 무엇일까?'에 대해서는 전혀 생각하지 못했습니다. 정주영 역시도 '어떻게 깔면 되는가?' '언제까지 깔면 되는가?' 같은 질문을 했다면 '한겨울의 푸른 잔디'라는 조건 속에 숨겨진 진짜 의미, 즉 '기대하는 결과물'을 알 수 없었을 것입니다.

오랜 기간 일을 하다 보니 경영학박사, 성과창출전문가, 성과코칭마스터, 경영컨설턴트 등 내 이름 앞에 붙은 수식어가 많아졌습니다. 그러나 이 모든 걸 간단히 이야기하자면, 나는 사람들이 일을 해서 '기대하는 결과물'을 성과로 창출해낼 수 있도록 성과코칭하는 사람입니다. '코칭이면 코칭이지 성과코칭은 또 무엇인가?' '기존 코칭과는 어떻게 다른가?' 하고 생각하겠지만, 성과코칭은 코칭의 대상이 '성과'입니다.

이 일을 하며 좋은 결과를 내는 사람들을 많이 만났고, 훌륭한 결과를 내지 못해 고심하는 사람들은 그보다 훨씬 더 많이 만났습니다. 그들의 차이는 결국 단 하나였습니다. 바로 무슨 일이건 어떤 일을 수행하건, 일을 시작하기 전에 그 일을 왜 하려는지, 즉 '일을 통해 기대하는 결과물에 관한 제대로 된 답을 가지고 있는가, 그렇지 않은가?' 하는 것입니다.

남다른 결과를 만드는 사람들은 작은 일이건 큰일이건 관계없이 가장 먼저 기대하는 결과물부터 묻습니다. 자신이 할 일의 기대하는 결과물을 확인하고, 왜 그 일을 내가 해야 하는지 확인하기 위해서입니다. 그러나 결과를 내지 못해 고심하는 사람들은, 일이 주어지면 기대하는 결과물보다 '어떻게 할 것인가'를 묻거나 아예 질문하지 않고 혼자 실행방안을 궁리합니다.

기대하는 결과물부터 묻는 습관에는 놀라운 힘이 있습니다. 이 습관을 무시하거나 간과하면, 작게는 사소한 오해를 낳고, 크게는 사람의 목숨이나 기업의 존폐를 가르는 결과를 낳기도 합니다.

기대하는 결과물은 일을 하는 핵심적인 이유입니다. 거기에는 수요자가 원하는 것, 필요한 것이 담겨 있습니다. 수요자가 기대하는 결과물은 중간에 수시로 바뀔 수 있습니다. 그래서 일을 시작할 때뿐만 아니라, 일을 진행하면서 수시로 기대하는 결과물을 확인하는 과정도 필요합니다.

그렇다면 실제 업무 현장에서 이 점을 깊이 의식하는 사람들은 얼마나 될까요? 현업에서는 당장 실행하기 바쁘다는 이유로 기대하는 결과물을 제대로 생각하지 않거나 질문하지 않는 사람들이 많습니다. '이미 잘 알고 있다'고 단언하는 사람 중에도 표면만 훑는 데 그치는 경우가 태반입니다. 다행인 점은, 일하기 전에 기대하는 결과물부터 확인하는 습관을 들이고, 이를 통해 기대하는 결과물을 완성해나가는 과정은 별로 어렵지 않습니다. 쉬울 뿐 아니라 재미있기까지 합니다. 물론 어느 정도 끈기와 인내가 있어야 하고, 제대로 된 프로세스를 지켜야만 합니다.

　나는 이 책을 통해 성과를 창출해내는 사람들이 공통적으로 던지는 첫 번째 질문, '이 일을 통해 수요자가 기대하는 결과물이 무엇인가'의 비밀을 여러분들과 함께 나눌 것입니다. 이제 그 여정을 시작해보겠습니다.

1장

기대하는 결과물부터
생각해야 하는 이유

우리가 하는 모든 일에는 각각 기대하는 결과물이 있고, 기대하는 결과물을 알면 탁월한 성과를 창출할 가능성이 커집니다. 예전부터 직장은 물론 사회적으로도 실행의 중요성을 강조해 왔습니다. 물론 실행은 중요합니다. 그러나 실행하기 전에 일의 수요자가 기대하는 결과물이 무엇인지 구체적으로 파악하는 것이 먼저입니다.

이 장에서는 기대하는 결과물이 왜 중요한지, 기대하는 결과물을 정확히 파악하기 위해 어떤 확인 과정을 거쳐야 하는지, 이때 염두에 두어야 할 요소는 무엇인지 이야기하고자 합니다. 이 장에서 제시하는 내용만 잘 기억하면, 어떤 일이든 관계없이 기대하는 결과물 찾기를 잊거나 포기하거나 생략하지 않을 것이라고 확신합니다.

1
사람들은 기대하는 결과물을
잘 생각하지 않는다

평범과 비범의 차이

앞서 소개한 정주영 회장의 일화를 다시 떠올려볼까요? 사실 그런 황당한 요구를 받게 되면 대다수 사람들은 당장 그 일을 해결하는 데만 집중하게 됩니다. 여러분들은 어떤가요?

일을 할 때 '기대하는 결과물'을 생각하는가?

'그렇다.'라고 답하는 독자들이 절반쯤 될 것 같습니다. 그 독자들에게 다시 묻습니다.

항상 '기대하는 결과물'을 생각한다고 확신할 수 있는가?

'그렇다.'라고 답하는 독자들이 많이 느껴지지는 않습니다. 이건 단순히 저의 착각이 아닙니다. 저는 오랜 기간 많은 기업과 조직에서 강연, 컨설팅, 성과코칭을 하며 이 부분에 주목했습니다. '업무 효율성이 떨어집니다.' '직무 역량을 강화시켰으면 합니다.' '올해 목표를 반드시 달성해야 합니다.' 등등의 다양한 이유로 강연과 컨설팅, 성과코칭 요청이 들어옵니다. 그런 요청을 받고 자세히 들여다보면, 거의 모든 기업과 구성원들이 일하기 전에 '기대하는 결과물'을 깊이 생각하지 않고 있다는 결론에 도달하게 됩니다.

많은 사람들이 일을 통해 기대하는 결과물을 중요시하지 않거나 아예 생각하지 못합니다. 그러면서 효율성을 높이겠다며 실행에만 집중하는 경우가 많습니다. 여기서 문제가 시작됩니다. 기대하는 결과물을 제대로 파악하지 못한 상태에서 곧바로 행동으로 옮기면, 몸만 바쁘고 결과는 만족스럽지 않을 때가 많습니다. 효율이 떨어지는 것입니다.

한 가지 예를 들어보겠습니다. 여러분 중에서 뇌의 고른 발달을 위해 평소에는 잘 쓰지 않는 손을 사용하는 사람이 있습니까? 양손을 고루 쓰면 좌뇌, 우뇌가 골고루 자극되어 효율적으로 뇌를 사용할 수 있고, 치매 예방에도 도움이 된다는 사실이 사람들 사이에 널리 알려져 있습니다. 그러나 제 지인 중에 양손을 사용하는 사람은 한 명도 없습니다. 양손 사용을 실천하는 사람이 드문 이유가 뭘까요? 간단합니다. 귀찮기 때문입니다. 그리고 양손을 사용하지 않는다고 해서 당장 큰일이 나는 것도 아니니까요.

　기대하는 결과물을 묻고 확인하는 것도 마찬가지가 아닐까 생각해 봅니다. 매사에 질문을 던지며 일을 꼼꼼히 따져보는 것이 탁월한 결과를 만든다는 점에 동의하면서도, 정작 일할 때는 '그 일을 왜 하는지, 그 일을 통해 수요자가 기대하는 결과물이 무엇인지' 잘 생각하지 않습니다. 아니, 늘 하던 일이라는 이유로 기대하는 결과물을 파악하는 것 자체를 귀찮아합니다. 그럴 필요를 느끼지 못하는 경우도 많습니다. 기대하는 결과물을 생각하지 않는다고 해서 지금 당장 큰일이 생기는 건 아니기 때문이죠. 왼손을 사용하지 않아도 당장 치매에 걸리지 않는 것처럼 말입니다.

　하지만 매사 기대하는 결과물을 파악하기 위해 노력하고 일상에 적용하다 보면, 그러지 않았을 때와는 달리 눈에 띄는 결과를 얻게 된다는 사실을 강조하고 싶습니다. 저는 이 책에서 '기대하는 결과물을 파악하는 것의 파워풀함'과 그로부터 얻게 되는 '무궁무진한 이익'을 독자들에게 전해 드리고자 합니다.

리더들의 흔한 실수

　안타깝게도 직위와 직책이 올라갈수록 기대하는 결과물을 제대로 생각하지 않는 경우가 의외로 많습니다. 자신의 경험과 직감을 맹신한 나머지 '기대하는 결과물을 정확히 파악할 필요가 없다'라고 생각하거나, 본인이 '이미 잘 알고 있다'라고 생각하기 때문입니다.

　잠시 시간을 거슬러 1700년대 후반의 프랑스를 생각해봅시다. 당시의 프랑스는 알려진 바와 같이 무능한 루이 16세와 그의 아내 마리 앙투아네트Marie Antoinette의 시대이자 시민혁명의 시대입니다. 왕족과 귀족들이 흥청망청 사치스러운 생활을 이어가고 있을 때, 저 한편에선 빈곤에 찌든 시민들이 분노하며 이렇게 외쳤습니다.

　"우리에게 빵을 달라!"

　시민들의 분노에 찬 함성에 마리 앙투아네트는 지금까지도 전해지는 유명한 말을 남깁니다.

　"빵이 없으면 케이크를 먹으면 되지!"

　시민들이 왜 폭동을 일으켰는지 생각하지 않은 채 던진 무심한 대답이었고, 결국 그녀는 단두대의 이슬로 사라지는 비운을 맞게 됩니다.

　마리 앙투아네트가 실제로 한 이야기인지에 관해서는 의견이 분분하지만, 당시 프랑스 왕족과 귀족들이 시민들의 목소리에 얼마나 무심했는지를 보여주는 하나의 일화로 역사에 남아 있습니다. 그들은 시민들의 목소리를 그저 시끄러운 괴성 정도로 치부했습니다. '왜 시민들이 폭동을 일으키는가?' '왜 시민들은 굶주리는가?'에 관심을 가졌더라면 피와 눈물로 얼룩진 시민혁명은 일어나지 않았을지 모릅니다. 그들은 시민들이 폭동을 일으킨 목적, 즉 기대하는 결과물을 알려고 하지 않은 무관심한 리더들이었습니다.

리더라면 일을 통해 기대하는 결과물을 정확히 파악하고, 구성원들과 명확하게 공유해야 합니다. 기대하는 결과물을 제대로 알지 못하는 리더는 방향을 잘못 잡은 선장과 같습니다. 많은 선원과 승객이 타고 있는 큰 배의 선장이 방향을 잘못 잡으면 어떻게 되겠습니까? 만약 배가 산으로 간다면 적어도 잘못된 방향으로 가고 있다는 사실은 알 수 있을 겁니다. 그러나 배가 망망대해 위에서 잘못된 방향으로 나아간다면 그야말로 큰일입니다.

수많은 사람들의 노력과 시간을 헛되이 낭비하지 않으려면, 리더가 중심을 잡고 조직이 추진하는 일의 기대하는 결과물을 제대로 확실하게 파악해야 합니다. 기대하는 결과물을 정확히 알고 사전에 합의하는 것이 리더십의 첫 번째 조건이라고 해도 과언이 아닙니다.

기대하는 결과물부터 생각하기

기대하는 결과물을 잘 생각하지도 공유하지도 못하는 리더는, 신입사원 시절부터 이에 대해 제대로 습관화하지 못했을 가능성이 큽니다. 저는 기업에서 신입사원이나 팀원들을 위한 강의를 할 때마다 항상 '수요자가 기대하는 결과물'을 강조합니다. 그러나 강의를 듣고 돌아가서 업무에 투입되는 주니어 팀원들 중 몇 명이나 이를 기억하고 실천할지 잘 모르겠습니다.

그들이 기대하는 결과물을 먼저 생각하지 못하는 이유가 뭘까요?

회사에서 일하는 주니어 팀원을 생각해봅시다. 대체로 이들은 아래와 같은 단계를 거칩니다.

항상 일이 많다.
일이 너무 많아서 퇴근 시간까지 쉬지 않고 일을 하는데도
제때 일을 마무리해 본 적이 별로 없다.
일이 조금이라도 미뤄지는 것이 두렵다.
그렇다고 일을 남과 나누려 하지는 않고 혼자 끌어안는다.
사람들은 '무엇을 할 것인지' '언제 할 것인지'만 묻는다.
점차 실행에만 더 집중하게 된다.
안타깝게도 일을 통해 기대하는 결과물은
그 일에 대해 보상을 받을 때만 생각하게 된다.
서서히 모든 일을 지금과 같은 패턴으로 하면 된다고
짐작하기에 이른다.
결국, 기대하는 결과물은 생각하지 않은 채
그냥 습관적으로 일한다.

주니어 팀원이라 시키는 일만 하기에도 벅차서 그런 걸까요? 더욱 안타까운 건, 이런 식으로 주니어 시절을 보내고 나면, 대리나 과장이 된 이후에도 상황이 크게 달라지지 않는다는 점입니다. 이렇게 시간이 흐르고 직위가 올라가면, 그 일을 왜 하는지, 기대하는 결과

물이 무엇인지 잘 모른 채 일을 시키는 리더가 되고 맙니다. 직장인 뿐만이 아닙니다. 자영업자, 프리랜서, 학생, 공무원 등 대다수 사람에게 해당하는 이야기입니다. 치열한 경쟁, 빠듯한 시간, 한정된 자원이 사람들에게 주어진 일을 빨리 처리하는 데 집중하도록 종용하기 때문입니다.

물론 실행이 중요하지 않다는 이야기는 아닙니다. 주어진 일은 최상의 결과로 이어져야 하고, 이를 위해서는 행동에 옮겨야 하기 때문입니다. 그러나 최상의 결과를 얻기 위해서는, 일을 시작하기 전에 가장 먼저 그 일의 기대하는 결과물을 알아야 합니다. 최상의 결과 기준은 수요자가 기대하는 결과물의 기준입니다.

성과창출의 중요성에 대해 대기업과 공공기관, 중소기업 등에서 오랜 기간 이야기해오고, 많은 사람들을 만나 컨설팅하고 성과코칭하고 교육훈련해 온 전문가로서 감히 말씀드리건대, 일을 통해 수요자가 기대하는 결과물의 기준을 정확하게 알지 못하고서는 절대로 최상의 결과를 낼 수 없습니다. 아니, 반대로 기대하는 결과물만 잘 생각해도 그 일에서 최상의 결과를 내게 되어 있습니다.

이 책을 읽는 분들은 절대 잊지 않았으면 합니다. 무슨 일을 하든지 언제나 가장 먼저 생각해야 할 것은 바로 그 일의 수요자가 기대하는 결과물이라는 사실 말입니다.

기대하는 결과물이 무엇인가?

2
기대하는 결과물을 확인하는 방법

어떻게 물어야 할까?

기대하는 결과물을 찾아내는 가장 좋은 방법은 무엇일까요? 당연히 결과물을 수요할 상위리더에게 무엇을 기대하는지 질문해 보면 됩니다. 그러나 대다수 사람들은 일하기 전에 수요자에게 기대하는 결과물을 묻지 않거나, 혹은 제대로 질문하지 못합니다. 질문만 제대로 해도 일을 통해 기대하는 결과물을 제대로 찾을 수 있는데도 말입니다. 그렇게 하지 못하는 이유는 사람들이 오해하고 있는 몇 가지 사실 때문입니다. 따라서 기대하는 결과물을 제대로 질문하기 위해서는 오해를 풀고 제대로 된 질문의 기술부터 알아둘 필요가 있습니다.

누구나 어린 시절에는 매사에 "뭐 때문이에요?"라고 서슴없이 묻습니다. 그러나 어느 순간부터 이런 좋은 습관을 잊어버리고 맙니다. 어른들로부터 일을 지시받으면, 일단 "예"라고 대답한 다음, 실행하고 나서 결과를 토대로 피드백을 받아야 한다는 불문율이 오랫동안 우리 사회를 지배해왔습니다. 뭔가 지시를 받으면 일단 해보는 게 먼저지, 질문부터 하는 건 예의가 아니라고 알게 모르게 세뇌되어왔습니다. 바로 이런 이유로 '시키는 사람이 기대하는 결과물'이 무엇인지 묻는 습관을 차차 잊게 됩니다.

'왜 해야 하는가?' '당신이 기대하는 결과물이 무엇인가?'라고 묻는 사람을 딴죽 거는 투덜이로 치부하는 분위기

다소 과격하지만, 군대식 용어로 '까라면 까'라는 분위기가 사회 전반을 뒤덮었던 시절이 있었습니다. 사실 그리 오래전 이야기도 아닙니다. 남자 분들이라면 피부로 느낄 겁니다. 안타깝지만 이런 분위기는 지금도 상당 부분 남아 있습니다.

기업조직이 특히 그렇습니다. '기대하는 결과물'이나 '일을 하는 목적'을 묻는 것이 CEO나 임원 같은, 속된 말고 높은 사람들만 할 수 있는 특권처럼 여겨지기도 합니다. 한번 체크 해보면 금방 알 수 있습니다. CEO가 참석한 회의 시간에 '기대하는 결과물'이 무엇인지, '왜 그 일을 하는지' 묻는 사람이 몇이나 되는지 말입니다.

이전보다는 기업의 분위기가 많이 자유로워지기는 했습니다. 회

의 시간에 자유 토론과 건설적 논쟁을 장려하는 곳이 많아진 것도 사실입니다. 하지만 상급자가 말하면 일단 받아들여야 한다는 분위기 역시 사회 곳곳에 남아 있습니다.

이런 분위기를 만든 사회를 비난하려는 건 아닙니다. 그만큼 예전에는 일하는 목적을 묻는 것이 시간 낭비였습니다. 먹고살기 힘든 시절이라 당장 시키는 대로 실행부터 하기 바쁘다 보니 '그 일을 왜 하는가?' '기대하는 결과물이 무엇인가?'라는 근본적 이유를 묻는 건 뒷전이었습니다. 일을 진행하면서 차차 하나씩 알려줄 텐데 군이 시작하기 전부터 꼬치꼬치 묻는 건 예의 없고 쓸데없는 일로 여겨졌습니다. 그러나 시대가 변하면서 '딴죽 거는 투덜이'들이 점차 부각되기 시작했습니다. 세상을 바꾸는 창의적 결과물은 대부분 이런 투덜이들이 만들어냈음을 잊지 말아야 합니다.

시대가 변해가고 있지만, 여전히 목적을 묻기 위한 장벽은 높습니다. 왜 우리 사회는 질문을 달갑게 생각하지 않을까요? 왜 조직적 구조를 갖춘 곳에서 더 그럴까요? 답을 하기 전에 다음 질문을 한번 살펴봅시다. 회사에서 흔하게 듣는 말들입니다.

"이번 달부터 기획회의를 일주일에 한 번씩 합시다."

"어제 이야기한 자료, 조사 마치고 보고서 준비하세요."

"내일이나 모레쯤 거래처에 가서 다음 달 원자재 단가 물어보고 가격 조정 이야기해보세요."

"신상품 마케팅 제안서 작성해서 제휴사 담당자랑 미팅하고 결과 보고하세요."

이 모든 지시에 모두 "왜요?"라고 묻는다고 생각해봅시다. 그 말을 들은 누구든 갑갑한 마음이 들 것입니다. 문제는 질문을 표현하는 방식에 있습니다. 앞뒤 말 다 잘라버리고 덜컥 '왜'를 물으면, 상대가 기분 좋게 받아들일 리 없습니다. 더 좋은 결과를 만들기 위해 던진 질문이 객기 어린 도발이나 불평으로 인식된다면, 질문의 본질로 상대를 끌어들이기 힘듭니다.

물론 질문을 하는 본인은 '왜'라는 물음 뒤에 많은 말들이 함축되어 있다는 사실을 잘 알고 있습니다. 하지만 듣는 상대는 그걸 알 리가 없습니다. 아무리 가까운 사람이라도 말이 생략되는 부분이 많아지면 그 속에 담긴 생각을 알기 어렵습니다. 반항처럼 느껴지는 것이 자연스러운 반응일 겁니다. "왜요?" "왜 해야 하죠?"라는 짧고 불성실한 질문은 일의 기대하는 결과물을 파악하는 데 오히려 걸림돌이 됩니다.

그러면 도대체 '왜'를 어떻게 물어야 할까요? 저는 항상 왜를 물을 때 완전한 문장으로 만들어보라고 이야기합니다. "회의할 때, 업무지시를 받았을 때, 토론할 때 등 모든 일에서 기대하는 결과물을 알아야 하며, 그러기 위해서는 '왜'라는 질문을 던져야 한다. 그리고 그때 질문은 반드시 완전한 문장이어야 한다."라고 말입니다.

기대하는 결과물이 무엇인가?

기대하는 결과물을 묻는 질문은
늘 완전한 문장이어야 합니다

　질문을 받아주는 상대가 없거나, 스스로 자신에게 '왜'를 물을 때도 마찬가지입니다. 완전한 문장으로 만들어 입 밖으로 꺼내지 않으면 자기 자신도 제대로 된 질문인지 알지 못합니다. 질문이 제대로 완성되지 않으면 답을 찾기도 어렵습니다. 기껏 질문을 떠올리고도 정확한 이유를 짚고 넘어갈 수 없게 되는 것입니다.

　이제 앞의 사례로 다시 돌아가 봅시다. "왜요?"가 안 된다면 뭐라고 질문할 수 있을까요? 이럴 때는 간접적인 질문이 좋은 답이 될 수 있습니다. 무슨 이야기인지 어렵게 느껴진다면 한번 생각해봅시다. "왜요?"라고 질문하는 이유가 무엇일까요? 아래와 같이 기대하는 결과물을 묻기 위해서가 아닐까요?

　기획회의를 일주일에 한 번씩 함으로써 기대하는 결과물
　원자재 단가를 조정함으로써 기대하는 결과물
　신상품 마케팅에 관해 제휴사와 미팅을 함으로써 기대하는 결과물

　'왜'를 질문하는 이유는 그 일을 함으로써 기대하는 결과물을 알기 위해서입니다. 즉, 우리가 알아야 할 것은 '일의 기대하는 결과물'입니다. 그렇다면 "왜요?"라는 표현 대신 다른 말로 질문할 수 있습

니다. 기대하는 결과물을 묻는 내용에는 변함이 없도록 말입니다.

"기획회의를 일주일에 한 번씩 하는 특별한 이유가 있으신가요?"
"기획회의를 일주일에 한 번씩 해서 얻고자 하는 결과물은 무엇인가요?"
"실질적인 단가 조정이 기대하는 결과물인가요? 단순한 거래처관리 차원인가요? 아니면 신규 거래처 추가 발굴을 위한 건가요?"
"제휴사와 미팅을 함으로써 기대하는 결과물을 좀 더 구체적으로 말씀해 주실 수 있으신가요?"

이런 질문이라면 자연스럽게 대답하게 되지 않을까요? 흔히 이야기하는 것처럼 '돌직구'만이 능사가 아니라는 사실을 기억해야 합니다. 지나치게 직접적인 질문은 오히려 기대하는 결과물을 확인하기 힘든 상황을 초래할 수 있습니다. 미리 여러 이유를 생각한 뒤, 몇 가지 선택지를 주며 완곡하고 부드럽게 표현하면 질문의 답을 비교적 쉽게 얻을 수 있습니다.

기대하는 결과물을 묻는 사람들을 '딴죽 거는 투덜이'로 치부하는 분위기는 지금도 여전합니다. 그럼에도 우리는 '기대하는 결과물'과 '그 일을 하는 이유'를 질문해야 합니다. 질문하는 방법을 바꿔서 말입니다. 처음에는 상대가 딴죽을 건다고 오해하더라도, 태도가 정중하고 고민의 흔적이 느껴진다면, 일을 더 탁월하게 마무리하려는 열정이 느껴진다면, 질문을 뭉개버리지 못할 것입니다.

설령 "일하는 데 말 많네, 거참!" 하며 핀잔을 주더라도 배짱 좋게 넘기고 질문을 던지는 용기를 가져야 합니다. 그러면 언젠가는 주변 사람들 모두가 왜냐고 묻는 용기와 배짱의 미덕을 깨닫게 될 것입니다. 그리고 그 순간, 당신은 투덜이가 아닌 세심한 전략가가 되어 있을 것입니다.

소통의 열쇠는 '감정'

기대하는 결과물을 파악하기 위해 "왜 해야 하죠?"라고 묻는 것이 방법이 아니라는 사실을 알았다면, 이제는 상대와 어떻게 효과적으로 소통하는지 알아야 할 차례입니다. 소통의 열쇠는 '감정'에 담겨 있고, 이는 어떻게 보면 '왜'를 묻기 전에 선행해야 할 사항입니다. '기대하는 결과물을 묻는 데 무슨 감정이냐?'라고 반문하는 사람들도 있겠지만, 이 역시 많은 사람이 자주 오해하는 부분입니다.

앞에서 사람들에게 기대하는 결과물을 직설적으로 묻는 밉상이 되지 않으려면 질문하는 방법을 신경 쓰라고 이야기했습니다. 상대와 효과적으로 소통하는 가장 좋은 방법은 바로 상대의 감정이 상하지 않게 묻는 것입니다.

실력 부족으로 지고 있다는 걸 뻔히 알면서도 감정이 상한다는 이유로 장기판을 뒤엎는 사람들이 있습니다. 제아무리 훌륭한 논리를 들어 이성적으로 설득하려 해도, 감정이 상해서 "몰라, 지금은 아무 이야기도 듣고 싶지 않아."라고 반응한다면 무슨 소용이 있겠습니까? 그러니 감정을 건드리지 않고 함께 기대하는 결과물을 찾는 질문을 주고받는 데 집중해야 합니다. 그것이 현명한 방법입니다.

지인에게 『제가 살고 싶은 집은』이라는 책을 선물 받은 일이 있습니다. 아름다운 집을 지어나가는 과정을 시원한 사진과 함께 보여주는 책이었습니다. 이 책을 독특하게 만들어주는 요소는 집이 만들어지는 과정을 보여주는 시원스러운 사진뿐만이 아닙니다. 이 책의 저자인 이일훈 건축가는 건축주가 집을 지으면서 기대하는 결과물을 되묻고 확인하는 멋진 과정을 이 책에서 보여주었습니다. 그는 집을 지어달라는 의뢰를 받고 틈틈이 건축주에게 이메일을 보내 살고 싶은 집에 관해 묻습니다.

"어떤 집에 살고 싶으세요?"라는 건축가의 질문에 국어교사인 건축주는 "땅의 바람길을 아는 집이면 좋겠습니다." "구름배 같으면 좋겠습니다." "이웃에 위세를 부리지 않고, 주변을 비웃지 않으면 좋겠습니다." 같은 서정적인 답변을 내놓습니다. 이렇게 건축가와 건축주가 이메일을 주고받으며 천천히 집을 지어나갑니다.

한 권의 책으로 엮인 건축가의 수많은 질문은 하나의 문장으로 압축됩니다.

'이 집을 지으면서 기대하는 결과물이 무엇입니까?'

그리고 건축주의 수많은 대답도 모두 아래와 같은 문장으로 연결

기대하는 결과물이 무엇인가?

됩니다.

'제가 이 집을 지으면서 기대하는 결과물은….'

여러분은 상대가 기대하는 결과물을 제대로 알기 위해 이렇게 노력해 본 적이 있습니까? 알고자 한 적이 있다면, 얼마나 정성스럽게 물었습니까? 상대의 감정과 생각을 읽으려고 얼마나 깊이 노력했습니까? 지금부터라도 상대의 감정에 집중하도록 합시다. 그 순간이 바로 기대하는 결과물을 가장 정확하게 물을 수 있는 시작점이 될 것입니다.

중요한 건 타이밍

타이밍이 중요한 것은 비단 사랑뿐만이 아닙니다. 기대하는 결과물을 질문할 때도 타이밍이 매우 중요합니다. 상대의 감정을 잘 헤아려서 기대하는 결과물을 묻기 위한 질문을 정성껏 완성했더라도, 적확한 타이밍에 그 질문을 하지 못하면 말짱 도루묵이 되고 맙니다.

타이밍 이야기가 나오니까 한 기업의 컨설팅 도중에 있었던 팀장 상담이 생각납니다. 한 팀장이 고민스러운 얼굴로 이런 이야기를 털어놓았습니다.

"회의 시간에 자유롭게 의견을 내는 것은 저도 좋습니다. 그런데 다 함께 모여 지시사항을 전달하는 자리에서 팀원으로부터 불쑥 질문을 받으면 기분이 썩 좋지 않습니다. 또 많은 사람이 모인 자리에서 말허리를 잘라가며 해야 할 만큼 중요한 질문이 아닌 경우가 태반이거든요. 그럴 땐 저도 모르게 표정 관리가 안 됩니다. 제가 아직 리더십이 부족한 걸까요?"

어떻습니까? 여러분도 팀장의 리더십이 부족하다고 생각하시나요? 그 어떤 질문에도 고개를 끄덕이며 아량을 발휘하는 것이 리더의 덕목이라고 생각한다면 그럴 수도 있습니다.

하지만 관점을 바꿔서 생각해봅시다. 팀장에게 팀원이 질문한 타이밍은 어땠을까요? 물론 궁금한 점이 생길 때마다 의문을 해소하는 것은 좋은 습관입니다. 그러나 번번이 상대의 말이 끝나기도 전에 질문을 던지는 것은 썩 좋은 태도가 아닙니다. 회사는 모르는 것을 시시콜콜 가르쳐주는 학교가 아닙니다. 그리고 학교보다 더 복잡한 관계의 심리가 존재하는 곳입니다.

팀원이 적절한 타이밍에 현명한 질문을 던졌다면 팀장이 불쾌감을 느낄 일은 없었을 겁니다. 생각해봅시다. 상대의 이야기를 귀담아듣고 잠시 깊이 생각할 시간을 가진다면 질문의 질이 더 높아질 것입니다. 상대 역시, 질문자가 고심하는 시간을 거쳤다고 느끼고, 이전보다 성의껏 질문을 받아들이지 않겠습니까?

의문점이 생겨나면 잠시 머릿속으로 질문을 정리하는 시간을 갖도록 합시다. 이때 '내가 궁금한 것이 정확히 무엇인가?' '나는 무엇을 알고자 하는가?'를 떠올리며 질문을 정리하면 훨씬 더 핵심을 파고드는 질문을 만들 수 있습니다. 머릿속으로 준비하다가 그 자리에

기대하는 결과물이 무엇인가?

서 질문할 기회를 잡지 못했다면, 회의가 끝난 뒤에 묻거나 이메일로 질문하는 등 다른 방법을 찾아보면 됩니다.

내가 진짜 궁금한 것은 정확히 무엇인가?
내가 질문을 통해 기대하는 결과물이 무엇인가?

지시사항을 전달받는 자리가 아닌 상위리더가 팀원들에게 질문하라고 요청하는 자리라면 어떨까요? 상위리더가 팀원들에게 질문을 요청한 이유에 대해 생각해봅시다. 아마도 팀원들의 질문을 통해 이야기를 진행하기 위해서일 겁니다. 이때가 질문할 타이밍이라는 것쯤은 누구라도 알 수 있습니다. 이때 질문할 거리가 없다면, 불편한 마음으로 묵묵부답하기보다 기대하는 결과물을 찾는 질문을 던져야 합니다.

"우리가 이번에 20대 여성을 타깃으로 마케팅을 진행하려는데 궁금한 점이 있으면 이야기 해 보세요."라는 팀장의 요청에 당장 질문이 떠오르지 않는다면 이런 질문부터 던져봅시다. "20대 여성을 타깃으로 하는 특별한 이유가 있다면 무엇입니까?" "마케팅을 진행하여 진짜 기대하는 결과물이 무엇입니까?" 같은 질문 말입니다. 이런 질문은 다시금 그 일의 기대하는 결과물을 상기시켜주고, 많은 사람과 그것을 공유할 수 있게 해주는 효과가 있습니다.

부적절한 타이밍에 불쑥 튀어나온 질문은 상대가 방어 자세를 취하게 만듭니다. 궁금한 것이 생겼을 때, 잠시 숨을 고른 다음 기대하는 결과물을 생각하며 질문하면 이런 오해를 피할 수 있습니다. 잘 준비해둔 질문에 제대로 된 답변을 듣기 위해서는 적절한 때를 놓치지 말아야 한다는 점을 기억하면 좋습니다.

솔직하게, 다양하게

태도와 감정, 타이밍 외에도 중요한 게 하나 더 있습니다. 상대 혹은 스스로에게 질문할 때 솔직한 자세로 접근해야 한다는 점입니다. 갑자기 도덕 교과서 같은 이야기가 튀어나와 의아하게 느끼실 수도 있겠습니다.

지금까지 저는 일의 '기대하는 결과물'을 찾아야 한다고 이야기했습니다. 그런데 이런 이야기를 하면 숭고하고 고귀한 형태의 것을 찾으려고 애쓰는 사람들이 많습니다. 이것이 사람들이 기대하는 결과물에 대해 갖는 첫 번째 오해입니다. 원초적이고 본능적인 주제는 진정한 의미의 기대하는 결과물이 아니라고 여기는 것 말입니다. 쉽게 말해 '쾌락' '부' '명예' '권력' '정복' 같은 주제들이 떠오를 경우, 이를 애써 무시하거나 다른 고상한 무언가로 덮으려고 한다는 뜻입니다.

한번 생각해봅시다. 기대하는 결과물에 옳고 그름, 혹은 우열이 있다고 생각하십니까? 인륜이나 도덕적 상식에서 벗어나지 않는다면, 기대하는 결과물에 우열은 존재하지 않습니다. 자신이 일을 통해 기대하는 결과물이 '부의 축적'인데, 그럴싸한 대답을 떠올려야 할 것 같다는 압박감에 '인류애'가 기대하는 결과물이라고 주입한다면, 과연 만족스러운 결과를 얻을 수 있을까요?

솔직하지 않은 질문으로는 올바른 답을 찾을 수 없습니다. 반대로, 질문은 정확한데 답이 솔직하지 않다면 현문우답이 될 뿐입니다.

몇 해 전, 대학교 4학년인 조카와 함께 이야기를 나눈 적이 있습니다. 조카 녀석이 취업난 때문에 걱정이라고 제게 조언을 구하는 참이었습니다. 제가 조카에게 물었습니다.

"어디, 가고 싶은 회사나 일하고 싶은 분야가 있니?"

"그냥, 제 전공이 통계니까 금융이나 마케팅 쪽으로 취업하려고 생각하고 있어요."

조카의 말에는 확신이나 열망이 담겨 있지 않았습니다. 요즘 말로 하면 '영혼이 담겨 있지 않았습니다!' 불행인지 다행인지 대학교에서 강의하며 이렇게 대답하는 학생들을 수도 없이 많이 보아왔기에 크게 당황하지는 않았습니다. 이럴 때 저는 보통 기대하는 결과물을 묻는 편입니다.

"왜 취업해야 한다고 생각하니?"

조카는 눈을 동그랗게 뜨고 나를 바라보았습니다. 공부, 취업, 창업. 대학생이 졸업 후 선택하는 길은 대부분 이렇게 세 가지로 압축됩니다. 조카 역시 그저 남들 하는 대로 취업을 선택했을 가능성이 컸습니다. 그래서 다시 질문했습니다.

"그러니까 취업은 왜 하려고 하는데?"

"사람이 직업이 있어야 하고, 무엇보다 돈을 벌어야 하잖아요."

조카는 여전히 퉁명스럽게 대답했습니다.

"왜 돈을 벌어야 하는데?"

조카가 다시 생각에 잠겼습니다. 그리고 대답했습니다.

"돈을 벌어야 즐겁게 살 수 있죠."

"왜 돈이 있어야 즐거운데?"

질문이 계속 이어졌고, 포기하지 않고 대답을 꾸준히 따라오던 조카는 결국 마음속에 품고 있던 자신의 기대하는 결과물을 털어놓았습니다.

조카에게는 고등학교 졸업 후 자신만의 아이디어로 사업을 시작해 성공한 초등학교 동창이 있었습니다. 남들 다 가는 대학에 가지 않고도 성공한 그 친구처럼, 자신도 사업으로 성공하여 부유한 삶을 사는 것이 조카의 숨은 꿈이었습니다. 사업 종잣돈 마련이 취업의 진짜 이유였던 겁니다. 그러나 이왕 취업할 바에야 남들이 부러워하는 회사에 들어가고 싶은데, 그러기에는 그만한 열정이 없는 것이 조카의 고민이었습니다.

조카는 사업을 위해 종잣돈을 마련하는 것이 취업의 기대하는 결과물이긴 하지만, 정확히 왜 사업을 하고 싶은지 조금 더 생각해보겠다고 했습니다. 한 걸음 더 나아가 사업가로서의 성공이 우선인

기대하는 결과물이 무엇인가?

지, 부유한 생활이 우선인지 살펴보겠다는 것입니다. 그리고 진짜로 사업을 하고 싶은 거라면 사업 아이템과 초기 자금을 예측한 후에 취업에 얼마나 무게를 둘지 결정하겠다고 했습니다.

욕심 많은 조카가 자신의 속마음을 솔직히 털어놓아 주어 얼마나 고마웠는지 모릅니다. '돈을 많이 벌어 펑펑 쓰고 즐기면서 사는 것'이 기대하는 결과물이라는 사실을 단번에 솔직히 떠올리기는 어렵습니다. 그걸 누군가에게 이야기하는 것은 더더욱 어려운 법이고 말입니다.

비슷한 상황에서 많은 사람들은 '돈을 많이 벌어 펑펑 쓰고 살겠다.'보다는 '돈을 많이 벌면 행복한 가정을 꾸릴 수 있고, 없는 것보다 편하니까.' 같이 본질에서 살짝 벗어난 대답을 하는 편입니다. 하지만 우리는 테레사 수녀도 부처도 아닌 그저 평범한 인간일 뿐입니다. 욕망에 솔직해지기 힘든 인간일 뿐.

기대하는 결과물을 묻고 솔직하게 답을 찾아 나가는 것은 목표에 가까이 다가가는 힘을 줍니다. 본능적 욕망에 충실한 기대하는 결과물을 부끄러워하지 않았으면 합니다. 기대하는 결과물을 정확히 아는 것이 일에 대한 동기부여를 확실히 하는 훌륭한 원동력이 된다는 점도 잊지 말고 말입니다.

3

추측하지 말고 검증하라

추측은 죄악이다

이번에 건설하는 다리는 그 전과는 달랐습니다.

이미 세워진 열 개의 다리는 최대한 군더더기 없이 튼튼하게 지으면 됐지만, 이번 다리는 미관에 신경 쓰라는 명령이 떨어졌습니다. 미관을 신경 써서 다리를 건설하는 일은 국내에서는 처음 있는 일이었습니다. 관계자들은 국내 최초로 트러스 공법을 이용하기로 정했고 다리는 잘 완공되었습니다. 그 일이 있기 전까지는 말입니다.

다리가 완공된 지 불과 15년이 지난 아침, 한창 붐빌 출근길에 다리 상판이 갑자기 붕괴되었습니다. 등교하던 학생들을 포함해 32명이 사망한 끔찍한 사고였습니다. 폭우, 지진, 충돌 등 외부적 충격 없이 다리가 무너지는 경우는 거의 없었습니다.

뒤이어 밝혀진 사고의 원인은 더욱 충격적이었습니다. 트러스 공법은 반드시 설계대로 시공되어야 함에도 도면과 다르게 시공되었으며 용접도 제대로 되어 있지 않았습니다. 사용된 자재들도 조금씩 부실했습니다. 거기에 녹슬거나 약해진 부분을 보수하지 않고 페인트를 덧칠하는 등 안전 점검도 형식적으로 이뤄져 왔습니다. 총체적 부실이었습니다.

왜 이런 일이 발생했을까요? 바로 해당 관계자들의 잘못된 추측 때문이었습니다.

그동안에는 설계를 반드시 지켜 시공하지 않아도 별문제 없었습니다. '그러니 괜찮을 것이다.' 용접할 곳이 많으므로 약간 얇게 용접한다고 해서 문제가 발생한 적도 없었습니다. '그러니 괜찮을 것이다.' 볼트 같은 소소한 자재들 역시 마찬가지였습니다. '이 정도쯤은 괜찮을 것이다.' 안전 점검도 1년에 4회, 육안으로 봤을 때 문제점을 가리는 식으로 이어져 왔습니다. '원래 이렇게 하는 거니까 괜찮을 것이다.'

한강에 다리를 놓는 대형 프로젝트에 얼마나 많은 사람들이 투입되었겠습니까? 게다가 그들은 해당 분야에서 잔뼈가 굵은 전문가들이었습니다. 그러나 각 분야를 담당한 전문가들은 '이 정도야 별문제 없을 거야. 괜찮을 거야.'라고 생각하며 설계와 아주 조금씩 다르게 시공했습니다.

그들은 관록, 즉 노하우를 이용한 것이 아니라 '추측'을 한 것이었습니다. 그리고 많은 사람들의 추측이 쌓여 다리 곳곳에 균열이 생겼습니다. 멀쩡해 보이던 성수대교는 미처 손쓸 틈 없이 붕괴되었습니다.

이 이야기는 추측이 얼마나 위험한지 한눈에 보여주는 대표적인 사례입니다. 일반인이 아닌 전문가들이니, 추측하기보다 '왜 굳이 이렇게 복잡한 공법을 사용했을까?' '왜 이 다리는 일반적인 용접보다 더 두껍게 용접하라고 할까?' '왜 이 볼트를 사용해야 할까?'를 조금만 더 생각했다면, 다리를 건설하며 기대하는 결과물을 한 번만 깊이 생각했다면 이런 인재는 예방할 수 있었을 텐데 말입니다.

너무 극단적인 이야기를 하고 있다고 생각하십니까?

저는 그렇게 생각하지 않습니다. 모든 사람이 일하며 한 번쯤은 '이 정도는 괜찮겠지.' '전에도 괜찮았으니까.'라는 생각을 합니다. 특히, 경험과 경력이 쌓일수록 노하우와 추측을 혼동하는 경우가 생깁니다. 검증하지 않고 추측하면 당장은 편하기 때문에 우리는 추측의 유혹에 빠지게 됩니다. 그리고 본인이 확실하다고 믿는 것을 더욱 강하게 믿고 지키려는 '확증 편향의 덫'에 걸려들게 됩니다. 어느새 추측은 확신이 되어 버립니다.

플로리다와 캘리포니아에 초대형 테마파크를 세워 큰 성공을 거둔 디즈니는 미국을 벗어나 도쿄 디즈니랜드까지 성공시키며, 세계 시장에서의 성공 가능성을 높이 평가했습니다. 동양에서도 성공했으니 유럽에서의 성공은 불 보듯 뻔한 일이라고 여겼습니다.

그렇게 파리 외곽에 테마파크를 세운 디즈니는 얼마 지나지 않아 자신들의 실패를 인정해야 했습니다. 부적합한 입지 조건, 유럽 사람들의 생활 습관과 동떨어진 편의 시설, 여가 시간 활용의 차이 등이 그 원인이었습니다. 유로 디즈니랜드는 마케팅 사례 분석, 경제 경영 도서, 논문 등에서 대표적인 실패 사례로 다뤄졌습니다.

일본 시장에서 성공한 그들은 큰 기대와 자신감을 품고 유로 디즈니랜드를 개장했습니다. 그렇게 추측으로 개장한 유로 디즈니랜드는 해마다 적자를 거듭했습니다. 그들이 프로가 아니라서였을까요? 그렇지 않습니다. 그들은 플로리다, 캘리포니아, 도쿄에서 유례없는 성공을 거두었습니다. 다만 유로 디즈니랜드의 경우에는 과거의 성공 경험이 그들의 추측을 확신으로 바꾸었고, 추측하고 있다는 사실조차 알아차리지 못하게 했습니다. 한 가지 긍정적인 면은 유로 디즈니랜드 실패를 통해 디즈니 내부에서 자성의 목소리가 흘러나왔고, 이 사례를 지켜본 우리들도 추측의 위험성을 더욱 잘 알게 되었다는 점입니다.

위험한 추측을 방지하는 방법이 바로 '기대하는 결과물'을 묻는 것입니다. 무언가 생각이 떠올랐을 때, '내가 이 생각을 통해 기대하는 결과물이 무엇인가?' '어떤 근거로 이런 생각을 한 것인가?'라고 질문하는 것만으로 많은 추측을 예방할 수 있습니다. 정확한 근거를 들 수 없다면 그것은 추측일 뿐이기 때문입니다. 추측은 예상치 못한 결과를 불러온다는 점을 늘 염두에 두어야 합니다.

검증해야 확신할 수 있다

'When you ASSUME, you make an ASS out of U and ME'라는 영국 속담이 있습니다. 추측이라는 뜻을 가진 단어, ASSUME을 분해해 만든 이 재치 있는 속담은 '추측이란, 상대와 나를 바보로 만드는 것' 정도로 이해할 수 있습니다. 우리나라식으로 바꾸면 '넘겨짚기란, 당신과 나 사이의 신뢰 따위는 넘겨버리는 것.'이라고 할 수 있을까요?

이 속담을 처음 들었을 때, 어린 시절 아버지께서 제가 괜한 걱정으로 안절부절못하고 있을 때마다 미소를 머금고 농담처럼 툭 던지시던 속담이 떠올랐습니다.

"병이 생기면 죽겠지?"

아버지의 그 말을 들으면 언제 걱정했냐는 듯 웃음부터 나왔습니다. 이 속담은 정확히 이야기하자면 '병이 생기면 죽겠지, 한다.'라는 뜻입니다. 병이 생긴다고 다 죽는 것은 아닌데 추측으로 걱정부터 하는 모습을 풍자하는 속담으로, 추측을 경계하라는 뜻을 담고 있습니다.

아버지는 걱정은 불확실하기 때문에 생기는 거라고 하시며 '앞으로 이런 일이 벌어질 텐데.'라고 생각하며 걱정하지 말고, 왜 그런 일이 생길 거라고 추측했는지, 걱정을 없앨 다른 방법은 없을지 생각해보라고 하셨습니다. 그러면 미래를 대비할 방법이 떠오르며 추측이 사라진다고 말입니다. 아버지 덕분에 저는 어린 시절부터 '왜'

기대하는 결과물이 무엇인가?

를 생각할 기회가 잦았습니다. 이 사고 습관은 기대하는 결과물의 중요성을 깨닫게 해주었고, 기대하는 결과물을 생각하고 찾아가는 단계를 구축하는 토대가 되었습니다.

하지만 추측을 단박에 지워나가기란 쉽지 않습니다. 경험 많고 능력 있는 사람조차도 가끔은 추측을 노하우나 연륜으로 오해할 때가 있습니다. 앞의 디즈니 사례처럼 성공 경험이 많고 클수록 추측한다는 사실 자체를 인식하지 못하는, 가장 위험한 추측을 합니다.

추측은 죄악이라는 이야기를 하면 간혹 다른 의견을 제시하는 사람들이 있습니다. 주로 예로 드는 것이 『블링크』에 나오는 사례입니다. 말콤 글래드웰Malcolm Gladwell의 책 『블링크』에서는 찰나에 떠오른 생각이 심사숙고해 내린 판단보다 훨씬 뛰어날 때가 있다고 말합니다. 찰나에 떠오른 인간의 '감'이 이성적인 판단보다 훌륭한 결과로 이어지기도 한다는 이 책의 이야기를 들어 "인간의 감이 더 뛰어난 결과를 낼 때도 있지 않느냐?"라고 질문하는 것입니다.

이 역시 틀린 말은 아닙니다.

책에 실린 사례를 보겠습니다.

한 미술관에서 전문가들이 한 작품을 14개월 동안 조사한 끝에, 그 작품이 기원전 6세기 그리스에서 대리석으로 만든 조각이라고 발표했습니다. 그러나 한 전문가가 반대 의견을 제시합니다. 뚜렷한 근거는 없지만, 진품이 아닌 것 같다는 의견이었습니다. 전문가들이 1년 넘게 조사해 발표한 내용을 단 한 사람이 뚜렷한 근거도 없이 반박한 것입니다. 더욱 치밀한 조사가 이어졌고, 결국 그 대리석 조각이 가품이라는 사실이 밝혀졌습니다.

이 이야기를 들어 "철저한 조사보다는 감이 더 잘 들어맞기도 한다. 감이 더 중요하지 않은가?"라고 물을 수도 있습니다. 물론 그 말도 맞습니다.

그런데 곰곰이 생각해봅시다. '감'이 왔을 때 검증하는 단계가 없었다면 어떻게 되었을까요? 이의를 제기하지 않고 '전문가들이 모여 14개월 동안 조사한 건데 맞겠지.'라고 생각하고 넘겼다면 어땠을까요? 모르긴 몰라도 지금까지 수많은 사람들이 가짜 조각을 기원전 6세기 작품으로 알고 있을 겁니다. 조각을 조사했던 많은 전문가들은 한 사람의 '감'을 그냥 넘기지 않고 철저히 검증하여 진위를 밝혀냈습니다.

감 ⇒ 검증하지 않음 ⇒ 추측
감 ⇒ 검증 단계 ⇒ 확신

이렇게 '감'의 영역과 '추측'의 영역은 다릅니다. '감'은 의문을 품는 것이고 '추측'은 의문과 진실을 덮는 것입니다. 그렇다고 인간이 가진 원초적인 감을 무시하라는 이야기는 아닙니다. 감에서 시작된 의문을 추측으로 덮지 말자는 것입니다. 감을 검증해 확신으로 바꾸어야 한다는 이야기입니다. 앞에서도 강조했지만, 추측을 벗어나게 해주는 것이 바로 '왜'라는 질문입니다.

한 기업의 컨설팅을 할 때의 일입니다. 전반적인 정보를 수집하는 중에 일을 시작한 지 얼마되지 않은 신입 직원에게 "회사의 핵심 문제가 무엇인 것 같습니까?"라고 물었습니다. 그 직원은 "팀끼리 어울리지 못하는 게 문제라고 생각합니다."라고 답했습니다. 왜 그렇게 생각했는지 묻자, 이내 "정확하게는 모르겠습니다."라는 자신 없는 대답이 돌아왔습니다.

직원의 판단은 '감'에서 시작된 것입니다. 그래서 '왜 그렇게 생각하는지'를 물었는데, 제대로 근거를 대지 못했습니다. 저는 우선 "내일 회사에 출근하거든 그 감이 맞았는지 틀렸는지 한번 확인해보세요."라고 이야기했습니다.

다음 날 신입 직원에게 감을 확인했는지 묻자, 그가 자신감에 찬 목소리로 대답했습니다.

"기획팀과 영업팀의 갈등이 특히 두드러지는 것 같습니다. 기획팀은 '영업팀이 제대로 신경 써주지 않아서 제품이 잘 안 팔리는 게 가장 큰 이유'라고 이야기하고, 영업팀은 '기획팀이 매력적인 제품을 만들지 못한다'고 굳게 생각하고 있었으니까요. 같은 회사에서, 그것도 중추 부서에서 의견이 대립하는 걸 보니, 그동안 일이 협조적으로 이뤄지지 않았을 것 같습니다. 내일부터는 기획팀과 영업팀의 심층 면담을 진행해보면 어떨까요?"

이 신입 직원의 말을 잘 들여다봅시다. 그는 '왜'라는 질문을 사용

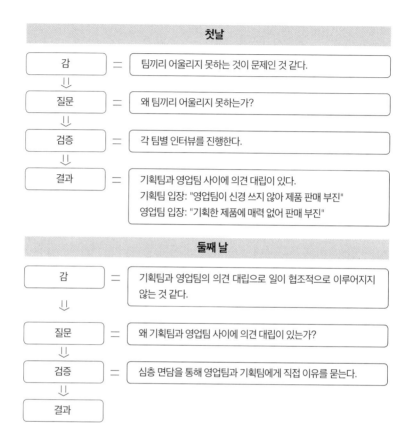

첫날

감	=	팀끼리 어울리지 못하는 것이 문제인 것 같다.
질문	=	왜 팀끼리 어울리지 못하는가?
검증	=	각 팀별 인터뷰를 진행한다.
결과	=	기획팀과 영업팀 사이에 의견 대립이 있다. 기획팀 입장: "영업팀이 신경 쓰지 않아 제품 판매 부진" 영업팀 입장: "기획한 제품에 매력 없어 판매 부진"

둘째 날

감	=	기획팀과 영업팀의 의견 대립으로 일이 협조적으로 이루어지지 않는 것 같다.
질문	=	왜 기획팀과 영업팀 사이에 의견 대립이 있는가?
검증	=	심층 면담을 통해 영업팀과 기획팀에게 직접 이유를 묻는다.
결과		

하여 자신의 감을 검증했습니다.

신입 직원은 '왜'를 활용해 자신의 감을 확인한 후 검증하는 단계에 들어섰습니다. 실제로 기획팀과 영업팀의 갈등에서 회사의 모든 문제가 시작된 것은 아니었지만, 꽤 큰 부분을 차지하고 있다는 사실이 면담과 실제 업무 진행 과정에서 발견되었습니다.

기대하는 결과물이 무엇인가?

감을 추측으로 연결하느냐, 확신으로 연결하느냐는 질문을 통해 이를 검증하는 과정에서 갈립니다. 추측인지 노하우인지 구분하는 것도 정확한 근거와 확인 작업을 거쳐야 알 수 있습니다. 추측이 대충 맞을 때가 많다고 해서 이를 노하우라고 여긴다면, 매 순간 큰 위험을 안고 가는 것입니다. 돌다리도 두들겨보아야 합니다. 기대하는 결과물을 묻고 점검하여 확신으로 만들어야 합니다. 점검하기 전에는 추측일 뿐입니다.

4

질문이 반이다

'왜'를 묻는 습관

지인 중에 대학 시절부터 '왜가리'라는 별명으로 불리는 선배가 있습니다. 다소 돌출된 구강 구조가 별명에 한몫하기는 했지만, 더 큰 이유는 늘 입버릇처럼 "왜?"라고 묻기 때문이었습니다. MT를 가자고 해도, 집회에 참석하자고 해도 왜냐고 묻는 선배에게 아주 잘 어울리는 별명이었습니다.

계속해서 "왜?"라고 묻는 선배가 처음에는 불편하기도 하고 이상하게 보였습니다. 무슨 말을 하든 "왜 하냐?" "왜 그 사람이 주최하냐?" "저 사람은 왜 저러고 있을까?"라고 계속 따져 묻는 사람 옆에 있는 건 짜증스럽고 불편한 일입니다.

그런데 그렇게 그 선배가 계속 "왜?"라고 묻자 주변에 있는 우리

기대하는 결과물이 무엇인가?

도 그 질문에 대답하려고 노력하기 시작했습니다. 나중에는 그 선배의 질문에 대비해 미리 "왜?"라고 질문을 던지고 답변을 찾아가기도 했습니다. 물론 그 선배의 질문은 우리의 예상 범위를 뛰어넘어 이어지는 경우가 다반사였지만.

그 선배는 지금도 여전히 같은 질문을 던집니다. 달라진 게 있다면 요즘은 후배들이 아닌 자기 직원들에게 묻는다는 겁니다. 왜가리 선배는 신입사원 시절부터 자꾸 질문해서 리더들을 곤란하게 하곤 했습니다. 일할 때도 늘 "이건 왜 하는 겁니까?" "이렇게 하면 안 됩니까?" "이렇게는 왜 못 합니까?"라고 질문하더니, 결국 자신이 해답을 찾아가기 시작했습니다. 그리고는 사업체를 꾸려 꽤 탄탄하게 운영하고 있습니다.

주변 지인들은 왜가리 선배의 성공 원천이 "왜?"라고 묻는 습관 덕분 아니겠느냐고 입을 모읍니다. 저 역시 그렇게 생각합니다. "왜?"라고 묻는 작은 습관이 중견 기업의 CEO로 성장하는 발판이 되었다고 믿고 있습니다.

왜 기대하는 결과물을 찾는 데 질문이 필요할까요? 질문은 미지의 영역에 숨어 있는 답을 찾는 첫걸음입니다. 또 거듭 생겨나는 의문점들에 계속 질문을 던져 풀어나가다 보면 본질에 더욱 가까워질 수 있습니다. 우리가 찾으려는 질문의 답은 보통 한눈에 드러나지 않습니다. 그렇기 때문에 기대하는 결과물을 찾기 위해 노력이 필요하며, 그 방법으로 질문만큼 효과적인 도구는 없습니다.

질문은 힘이 세다

지금 머릿속에 아무 질문이나 떠올려봅시다. 어떤 질문을 떠올렸건, 당신이 그 질문을 떠올린 것만으로도 안개 속에 가려져 있던 해답을 찾을 준비를 마친 것입니다. 예를 들어 '나는 왜 이 책을 읽을까?'라는 질문을 던질 수 있는 사람은, '책을 읽음으로써 기대하는 결과물'에 관해 생각할 준비도 되어 있는 사람입니다. 생각해보세요. 내가 책을 왜 읽는지 질문하지 않으면 '내가 책을 읽음으로써 기대하는 결과물'이라는 생각 자체를 할 수 없습니다.

사소한 질문 하나가 무에서 유를 창조해내는 발상의 시작이 되는 것입니다. 질문이 곧 발견의 시작인 셈이죠.

지금 잠시 시간을 내서 이 질문에 답해봅시다.

'당신은 왜 이 책을 읽습니까?'

'당신은 이 책을 읽고 무엇을 얻고 싶습니까?'

같은 질문에도 사람마다 답이 다릅니다. 별 이유 없이 책을 집어든 사람도 있고, 누군가의 권유로 책을 펼쳐 든 사람도 있습니다. 자신이 그리는 원대한 꿈에 조금이나마 보탬이 될까 해서 읽는 사람도 있습니다. 그리고 이 책에서 얻고자 하는 것도 각자 다릅니다. '왜 읽는가?' '무엇을 얻고 싶은가?' 이 두 가지 질문만 던져도 다양한 답이 나오는데, 질문이 점점 쌓이다 보면 내면에 숨어 있던 더 많은 답을 찾을 수 있습니다.

그 다음 질문은 스스로 던져보면 어떨까요? 이 책을 통해 내가 바라는 바를 깨달을 수 있을 것입니다. 질문을 스스로 던지라고 한 이유는, 남이 질문을 던져주는 것도 좋지만, 스스로 질문하고 답을 찾아가는 것이 일의 과정과 결과 모두에 긍정적인 영향을 미치기 때문입니다.

질문을 시작하는 것에 집중함으로써 질문 자체의 의미를 찾아 나갈 수 있고, 본인이 현재 관심을 쏟고 있는 주제를 질문하게 될 테니, 그만큼 더 가치 있을 것입니다. 그리고 질문 자체가 일종의 프레임으로 작용할 수 있기에, 불필요하게 분산되는 시각을 제한할 수도 있습니다. 또, 자기 스스로 찾은 답은 다른 사람이 내놓은 답을 지킬 때보다 오랫동안 지속합니다. 질문의 시작점과 기대하는 결과물이 내 안에 확실하게 자리 잡기 때문입니다.

그런 점에서 스칸디나비아 항공Scandinavian Airlines 의 CEO였던 얀 칼슨Jan Carson은 스스로 질문하고 답을 찾는 과정의 강력한 힘을 잘 알고 있는 사람이었습니다.

지금이야 번영을 누리고 있지만, 1950년대 스칸디나비아 항공은 만성 적자에 시달리고 있었습니다. 그런 상황에서 새로 부임한 CEO 얀 칼슨의 행보를 다들 궁금해했습니다. '새로 온 CEO는 뭘 하자고 할까?'

그러나 그는 단지 "유럽에서 운항 시간을 가장 잘 준수하는 항공사가 되어 고객의 신뢰를 회복합시다."라는 말만 하고 아무것도 하지 않았습니다. "왜 아무것도 하지 않을까?" "운항 시간을 준수하려면 어떻게 해야 하지?" 초조해진 직원들 사이에서 움직임이 일기 시작하더니, 지시하지도 않았는데 '운항 시간 준수 전담팀'이 만들어졌습니다. 그리고는 단 4개월 만에 시간 준수 부문에서 유럽 1위 항공사가 되었습니다.

추후에 얀 칼슨은 "내가 직접 지시했다면 그토록 빨리 눈에 띄는 성과를 내지는 못했을 것"이라고 말했습니다. "직원들 스스로 지시에 의문을 품고, 질문을 던지고, 해답을 찾아 움직여야 더 효과적일 것"으로 예상했다고 말입니다.

스칸디나비아 항공 이야기는 오랜 시간 경영컨설턴트로 일한 나로서도 직접 경험하기 힘든 드문 사례입니다. 현장에서 CEO들을 만나보면 보편적으로 하는 이야기가 있습니다.

"회사가 알아서 굴러가게 할 수 없을까요?"

일 안 하고 거저먹겠다는 뜻이 아니라, 회사 구성원들이 각자 자기 위치에서 스스로 질문을 던지고 주도적으로 움직였으면 하는 바람에서 하는 이야기입니다.

회사의 구성원으로서, 자기 일의 기대하는 결과물을 깊이 파고들기 위해 질문을 던지고 답을 찾아 움직이는 건 생각보다 힘든 일입니다. 일단, 주어진 일을 해치우기도 벅차니 말입니다. 그러나 어려운 것일 뿐 불가능하지는 않습니다. 그러니 외부에서 정해준 대로만 움직이기를 중단해야 합니다.

지금 내가 하는 일이 스스로 찾아낸 답에 의해 시작된 것인지, 남

기대하는 결과물이 무엇인가?

이 이야기해 준 답에 의한 것인지 생각해봅시다. 만약 본인의 생각이 섞여 있지 않다고 느껴진다면, 스스로 기대하는 결과물의 답을 찾아봅시다. 나아가 스스로 질문까지 해본다면, 당신은 더할 나위 없이 만족스러운 결과를 창출해낼 준비를 마친 것입니다.

5

실행은
답이 아니다

무사유의 위험

"절대 실행부터 하지 마라."라고 말하면 "일이 얼마나 바쁜지 아느냐, 퇴근할 생각조차 못 하는데 생각할 시간이 어디 있느냐."며 원망 섞인 눈초리가 쏟아지기 일쑤입니다. 저도 회사 생활을 꽤 오래 경험해봐서 잘 알고 있습니다.

그러나 자신이 하는 일이 다른 일에 어떠한 영향을 끼칠지 생각하지 않고 시키는 대로만 행한다면, 성수대교 붕괴와 같은 일이 또다시 벌어지지 말란 법은 없습니다.

칼 아돌프 아이히만Karl Adolf Eichmann은 지시를 받으면 늘 눈에 띄는 결과를 내는 인재였습니다. 그는 자신에게 주어진 임무에 더없이 몰입했습니다. 상급자가 시키는 일에 의문을 품거나 자신의 의견을 앞

　　　　　　　　　　　　　　　　　기대하는 결과물이 무엇인가?

세우지 않은 채 맡은 일을 가장 잘하는 데만 몰두했습니다. 그의 성과는 잡생각을 하는 다른 사람들과 확연히 차이가 났습니다. 그는 뛰어난 인재였습니다.

그러나 불행하게도 그가 받은 지시는 '보다 빠르고 쉽게 유대인을 학살할 방안을 마련하라.'였습니다. 그는 제2차 세계대전 중 나치 밑에서 일하며 강제수용소와 독가스실을 직접 설계하고 지휘했습니다. 그의 손에 의해 유대인 600만 명이 희생되었습니다.

자신에게 주어진 일에 어찌나 몰입했던지, 전쟁 후 열린 재판에서도 끝까지 "나는 주어진 일에만 충실했다. 만약 내가 학살 명령에 따르지 않았다면 오히려 양심의 가책을 받았을 것이다."라고 당당하게 이야기해 전 세계 사람들을 경악시켰습니다.

아이히만은 어디서부터 잘못한 걸까요? 그는 자신이 하는 일의 결과물을 생각하지 않고, 그저 효과적으로 일을 해치울 '실행'에만 집중했습니다. 자신은 그저 시키는 일을 했을 뿐이라는 뻔뻔함 역시, 바로 '생각의 부재'에서 시작된 것입니다. 그렇기에 결과에 대한 죄책감을 느끼지 않은 겁니다. 아니, 느낄 필요가 없었죠. 그저 시키는 대로 했을 뿐이니까요.

한나 아렌트Hannah Arendt는 그녀의 책 『예루살렘의 아이히만』에서 아이히만을 회고하며 '생각하는 것은 인간의 필수 조건'이라고 이야기했습니다. 인간으로 태어난 이상 생각할 의무를 지고 인간답게 살아야 한다고 말입니다.

600만 명의 유대인을 짧은 시간 안에 죽일 방법을 생각하는 대신, 일의 기대하는 결과물을 생각하는 데 조금만 더 신경을 썼다면, 수많은 유대인의 처참한 죽음을 피할 수 있었을 겁니다. 적어도 유명을 달리한 그들을 떠올리며 죄의식이라도 느꼈을 것입니다.

무조건 실행에 옮기고 보는 것이, 비단 아이히만 한 사람의 문제일까요? 어린아이는 길을 잃었다고 생각하는 순간, 아무 데로나 발걸음을 옮깁니다. 시험을 앞두고 불안감을 느끼는 중고등학생은 다짜고짜 문제집부터 손에 잡습니다. 리포트 제출이 코앞에 다가온 대학생은 우선 생각나는 대로 마구 써 내려갑니다. 기획 회의를 목전에 두고 머리가 새하얄 때는 우선 새 문서부터 컴퓨터 창에 띄우기 마련입니다. 우리는 급하고 불안할 때 옳은 길인지 생각하지 않고 일단 실행부터 하고 봅니다. 급한 상황일수록 더욱 빨리 실행에 옮기게 되는 겁니다.

세미나에서 만난 한 젊은이가 자신을 한 벤처 기업 CEO라고 소개하며 제게 말을 걸었습니다.

"강의 잘 들었습니다. 제가 회사를 운영하고 있는데 초과근무를 밥 먹듯 하는 직원이 있어 고민입니다."

이야기인즉, 신입사원이 한 명 입사했는데 들이는 노력에 비해 결과가 나오지 않는다는 것이었습니다. 그 신입사원은 학점도 좋고 학창시절 관련 경험도 많이 쌓은 성실한 엘리트였다고 합니다. 그러나 업무가 본격적으로 시작되자 몇 시간이면 끝낼 일을 며칠씩 초과근무를 해가며 마치는데, 막상 일의 결과를 들여다보면 긴 시간 일한 만큼의 성과가 나오지 않는다고 했습니다. 그 CEO는 수심 가득한 표정이었습니다.

"제가 언제까지 기다려야 할까요? 신입사원이 성과를 내기까지 기다려야 하나요?"

그래서 제가 다시 물었습니다.

"평소에 다른 직원들은 어떤 식으로 일을 합니까?"

"저희는 거의 경력직이라 각자 맡은 프로젝트를 알아서 진행하는 편입니다."

"처음 사업을 시작할 때부터 경력직을 채용하셨나요?"

"마음 맞는 사람들이 모여서 시작한 터라 신입사원은 그 직원이 처음입니다. 그런데 그건 왜 물어보십니까?"

그는 내 질문의 의도를 파악하지 못한 채 갸우뚱했습니다. 문제는 간단했습니다. 경력직들이 많은 곳에 입사한 성실한 신입사원은 '왜 그 업무를 해야 하는지' 깊이 생각해보기 힘들었을 겁니다. 일이 주어지면 바로 행동에 돌입하는 베테랑들의 업무 패턴을 옆에서 본 신입사원은 자신도 그래야 한다고 생각했을 테니 말입니다.

저는 그 CEO에게 이야기했습니다.

"경력직들은 그 일이 어디에 필요한지 잘 알고 실행하지요. 그간 일해온 노하우가 있을 테니까요. 그러나 처음 일하는 사람은 무작정 뭔가를 만들어내려는 경향이 있습니다. 정작 일의 기대하는 결과물은 모른 채 불안해서 움직이기부터 하는 거지요."

그리고 어떻게 하면 좋을지 한 마디 덧붙였습니다.

"신입사원에게 일을 줄 때, 왜 그 일을 해야 하는지 배경이나 취지를 설명하고, 시키는 사람이 기대하는 결과물이 무엇인지 충분히 생각해보게 한 다음, 일을 시킨 사람이 동의하면 그때 일을 시작하라고 말씀해 주세요. 너무 조급하게 움직이지 말고 일의 기대하는 결과물부터 생각해보라고 말입니다."

그로부터 몇 주 뒤 그 CEO가 메일을 보내왔습니다.

"일을 시킨 뒤 질문 하나만 딱 던졌는데 결과물이 확 달라지더군요. '그런데 우리가 이 일을 왜 할까?'라고 말입니다."

메일을 받고 며칠 뒤 그에게서 또 한 통의 메일이 도착했습니다.

"생각해보니, 다른 직원들도 일에 앞서 '왜 이 일을 하는지' 생각하고 움직이는지 궁금해졌습니다. 그래서 저희 이번 주 전사 워크숍 떠납니다!"

신입사원들만의 문제는 아닙니다. 이 책을 읽는 독자 중에도 내심 뜨끔한 사람이 분명 있을 것입니다. 그만큼 우리는 기대하는 결과물을 생각하는 데 익숙하지 않습니다.

무턱대고 실행부터 하는 것이 능동적이고 빠른 길이 아니라는 사실을 꼭 명심합시다. 실행이 답인 것은 맞지만, 오로지 실행에만 집중하는 것은 명백히 잘못된 길입니다.

기대하는 결과물이 무엇인가?

바쁠수록 생각하라

바쁠수록 기대하는 결과물을 생각하는 사람은, 실행에 앞서 기대하는 결과물부터 먼저 생각하기 때문에, 당장은 일의 결과가 눈에 띄지 않을 수 있습니다. 하지만 조금만 시간이 지나면 다른 사람들과 차이가 나기 시작합니다. 그리고 그 차이는 점점 크게 벌어질 수밖에 없습니다.

기대하는 결과물을 생각하지 않고 정확한 기획 없이 행동부터 한다면 좋은 결과를 얻기 힘듭니다. 애초에 창출해내야 할 결과물에 대한 기준 없이 출발했기 때문입니다.

길에서 방황해본 적이 있나요? 사춘기 시절, 부모님께 대들고 무작정 집 밖으로 나온 적이 있습니다. 어디로 가야 하는지, 어디로 갈 것인지 정하지 않고 길을 걷는데 한 시간이 어찌나 길던지요. 밤새 집에 들어가지 않고 버티겠다는 처음의 마음가짐은 오간 데 없이 사라지고, 두어 시간도 못 채우고 지쳐서 슬그머니 집으로 돌아간 기억이 있습니다.

그런데 재미있는 건, 마음먹고 등산을 갔을 때는 왕복 네다섯 시간, 아니 그 이상을 걸어도 너끈히 버틸 수 있다는 사실입니다. 기대하는 결과물이 있을 때와 없을 때의 차이입니다. 무슨 일을 하든 똑같습니다. 기대하는 결과물이 명확하지 않으면 힘들고 지난한 일이 될 뿐입니다.

기대하는 결과물은 질문과 답변을 통해 나옵니다. 실행에 앞서 기

대하는 결과물을 생각하는 것, '왜 나는' '왜 이 일은' '왜 지금' 등을
하나하나 점검해보는 것은 기대하는 결과물에 적합한 시간과 수단
을 떠올릴 수 있게 해줍니다. 기대하는 결과물을 생각하는 것이 선
택이 아니라 필수인 이유입니다.

SUM UP

30대의 정주영은 '왜'라는 질문 하나로 남들이 가지 못한 길을 걸을 수 있었습니다. '왜'는 일의 기대하는 결과물 또는 이유를 찾으려는 물음입니다. 그 물음의 답을 제대로 알면 우리가 해야 할 일을 정확히 알 수 있습니다. 기대하는 결과물을 찾아내기 위해서는 '왜'를 묻는 과정이 반드시 필요합니다.

기대하는 결과물을 파악할 때는 과거의 경험이나 감에 의지해 추측해서는 안 되며, 질문을 거듭하며 스스로 답을 찾아가야 합니다. 과제가 주어졌을 때, 기대하는 결과물을 파악하지 않고 무작정 실행부터 하는 사람들이 많습니다. 같은 실수를 저지르지 않도록 항상 기대하는 결과물을 염두에 둡시다.

1. 사람들은 기대하는 결과물을 잘 생각하지 않는다

시간, 인력, 비용 등 한정된 자원이 사람들로 하여금 실행에만 몰두하게 만듭니다.

● 실행 팁
- 높이 올라갈수록 경험과 직감을 맹신하는 경향이 큽니다.
- 무슨 일을 하든, 아무리 바쁜 상황이라도 일의 기대하는 결과물부터 찾아야 한다는 점을 기억합시다. 그것이 최상의 결과를 향한 지름길입니다.

2. 기대하는 결과물을 확인하는 방법

매사 기대하는 결과물을 찾는 것이 우리의 본능임에도 수요자에게 이유를 제대로 묻지 못하는 이유는 "왜요?"라는 직설적인 질문을 던지는 행위에 관한 몇 가지 오해 때문입니다.

● 실행 팁
- 상대에게 질문을 할 때는 완전한 문장으로 된 간접적인 질문을 던집니다.
- 질문에 앞서 질문을 받을 상대의 '감정'에 집중합니다.
- 내가 질문을 던짐으로써 얻고자 하는 것이 무엇인지 정리하는 시간을 가진 뒤 적절한 타이밍에 질문합니다.
- 고상함으로 치장한 질문보다는 솔직하고 정확하게 기대하는 결과물을 찾기 위한 질문을 던지는 것이 실행에 더 큰 도움이 됩니다.

3. 추측하지 말고 검증하라

추측은 일의 결과를 예상치 못한 곳으로 끌고 갑니다. 추측과 노하우를 혼동한 것이 성수대교 붕괴 사고의 가장 큰 원인일 만큼 추측은 위험합니다. 추측을 확신으로 바꾸기 위해서는 기대하는 결과물을 찾기 위한 질문이 필요합니다.

- **실행 팁**
  - 경험과 경력이 쌓일수록 노하우와 추측을 혼동하는 경우가 많아진 다는 점을 염두에 두어야 합니다.
  - 감을 완전히 무시하지는 말되, 반드시 이유를 질문하여 감을 검증해 야 합니다.

4. 질문이 반이다

기대하는 결과물은 겉으로 드러나지 않은 경우가 많기 때문에 질문을 통해 점진적으로 접근해야 합니다.

- **실행 팁**
  - 질문이 익숙지 않다면 우선 아무 질문이라도 떠올려봅시다. 질문을 떠올린 것만으로도 해답을 찾을 준비를 마친 것입니다.
  - 다른 사람이 던진 질문인지, 스스로 던진 질문인지는 중요하지 않습 니다. 다만 스스로 답을 찾는 것이 중요합니다. 스스로 답을 찾겠다 는 의지를 다져야 합니다.

5. 실행은 답이 아니다

기대하는 결과물을 생각하지 않고 무작정 실행해도 결과는 나올 수 있 습니다. 그러나 기대하는 결과물을 생각할수록 더 확실하고 효율적인 길을 찾을 수 있습니다.

• 실행 팁

- 기대하는 결과물을 제대로 알면 남들이 생각하지 못한 쉬운 방법을 찾을 수 있고, 빠르게 성과를 창출해낼 수 있습니다. 반대로 기대하는 결과물을 생각하지 않으면 기계적으로 움직이기 쉽습니다.
- 일이 막힐수록 일손을 멈추고 일의 기대하는 결과물을 먼저 생각해 보는 과정이 필요합니다.

2장

기대하는 결과물을
실제로 구현하는 법

기대하는 결과물을 명확히 알면 시간 낭비를 줄일
수 있습니다. 무엇보다 불안감을 잠재울 수 있습니다. 실행 시기를 앞당
길 수 있는 것은 물론입니다. 그렇다면 기대하는 결과물을 제대로 파악
하는 방법은 무엇일까요?

기대하는 결과물을 제대로 파악하기 위해서는 다음 세 가지만 잘 기억
하고 실행하면 됩니다. Cut, Continue, Confirm. 바로 3Cs입니다. 과제를
의미 단위로 분절하고(Cut), 꼬리에 꼬리를 물고 질문한 뒤(Continue),
상대에게 확인하는(Confirm) 과정만 염두에 둔다면, 아무리 어려운 일
이 닥쳐도 차분히 기대하는 결과물을 떠올릴 수 있습니다.

1
Cut :
핵심을 찾는 자르기

Task가 주어졌다

사전적 의미로 Task는 '(특히 힘든·하기 싫은) 일, 과업, 과제'를 뜻합니다. 이렇게 하기 싫은 일, 힘든 과제, 즉 Task가 주어졌을 때는 반드시 그 일을 수행함으로써 기대하는 결과물을 생각해야 합니다. 그런 의미에서 '기대하는 결과물을 떠올리며 해야 할 일'을 Task라고 칭하고자 합니다.

Task를 수행하는 과정에서 저마다의 역량이 드러납니다. 그러니 Task가 주어진다면 '왜 하필 내가 해야 하지?'라고 생각하기보다 '어디 나의 한계를 시험해볼까?'라고 일단 마음먹고 기대하는 결과물을 찾기 위한 질문을 시작해보면 어떨까요?

그럼 이제 본격적으로 Task와 기대하는 결과물을 질문하는 방법을 알아보도록 하겠습니다.

스포츠용품 회사에 다니는 류혜진 매니저에게 어느 날 팀장으로부터 Task가 주어졌습니다. 다음이 그 Task에 관한 내용입니다.

이번 회의 때, 새로운 상품을 개발해야 할 필요성이 대두됐습니다. 기능성 운동화를 만들어보는 것이 좋겠다는 사장님의 말씀이 있었습니다. 각자 기획안을 만들어서 일주일 후에 제출해 주시면 좋겠습니다.

팀장의 지시를 듣고 류혜진 매니저는 생각합니다.

'그동안 패션 운동화로 꽤 입지를 다졌는데, 이제 기능성 운동화를 만들기로 결정했구나. 기능성 운동화라…. 어떤 제품을 만들면 좋을까? 일단 검색부터 해봐야겠다.'

류혜진 매니저는 인터넷 창을 열고 온갖 기능성 운동화들을 하나하나 훑어봅니다. 그리고 어떤 제품을 만들면 시장에서 먹힐 수 있을지 생각해 봅니다. 타 브랜드의 기능성 운동화를 신는 사람들은 언제 그 운동화를 신는지, 어떻게 구입하는지, 불만족스럽게 여기는 부분은 무엇인지 꼼꼼히 찾아보고, 기능성 운동화를 분석한 논문도 살펴봅니다.

그렇게 열심히 자료를 모아 어떤 디자인이 많이 팔리는지 시장 조사한 자료를 토대로 '타사 기능성 운동화의 단점을 보완한 가볍고

세련된 디자인의 패션 워킹화' 기획안을 작성하기 시작합니다.

류 매니저는 제대로 일하고 있는 걸까요?

류 매니저는 보통 사람들이 일하는 평범한 패턴을 따랐습니다. 사전 조사를 꼼꼼히 했으니 기획안 작성도 성공적으로 마무리할 수 있을 것이며, 각종 질문에 대한 대비책도 자연히 마련될 것입니다. 그러나 단언컨대 이 기획안은 '제출'에만 집중한 기획안이 될 것입니다. 사전 조사 자료들은 기획안 작성의 이유를 뒷받침하기 위한 '면피용'이 될 뿐입니다. 기획안이 통과되고 좋은 결과가 있다 해도 '소 뒷걸음치다 쥐잡기'라고 보아도 무방할 것입니다.

저는 왜 류혜진 매니저의 기획 과정을 혹평했을까요? 무엇보다 류 매니저는 그 일의 기대하는 결과물을 먼저 생각하지 않았습니다. 기대하는 결과물을 파악하기 위해서는 가장 먼저 Task를 분석하는 단계가 필요합니다. 앞에 제시한 팀장의 지시를 다시 살펴봅시다.

이번 회의 때, 새로운 상품을 개발해야 할 필요성이 대두됐습니다. 기능성 운동화를 만들어보는 것이 좋겠다는 사장님의 말씀이 있었습니다. 각자 기획안을 만들어서 일주일 후에 제출해 주시면 좋겠습니다.

바쁘고, 당장 해야 할 일이 많고, 주위 사람들은 일이 언제 되느냐고 재촉합니다. 그런 이유로 사람들은 기대하는 결과물을 잊고 일하

기대하는 결과물이 무엇인가?

는 경우가 대부분입니다. 류혜진 매니저도 그런 이유로 기대하는 결과물을 잠시 잊었을 겁니다. 그렇다면 류혜진 매니저가 기획안의 기대하는 결과물을 도출하기 위해 어떤 질문을 해야 했을까요? '일주일 후에 제출해야'와 관련된 질문일까요, '새로운 상품을 개발해야'에 관한 질문일까요?

정확하게 기대하는 결과물을 알기 힘들 때는 Task를 의미 단위로 분절해보면 자세히 알 수 있습니다. 여기서 의미 단위로 분절한다는 말은 '이번/회의/때/새로운/상품을'처럼 무조건 어절로 나누는 것이 아니라, 말 그대로 '의미를 담고 있는 최소한의 단위'로 나누는 것을 뜻합니다. 의미 단위로 나눈 Task는 다음과 같습니다.

이번 회의 때
새로운 상품을 개발해야 할 필요성 대두
기능성 운동화를 만들자는 사장님의 말씀
각자 기획안 작성
일주일 후 제출

류혜진 매니저의 Task는 이와 같은 의미 단위로 나눌 수 있습니다. 물론 더 작게 나눌 수도 있습니다. 작게 나누면 더 많은 질문을 할 수 있으므로 작게 나누는 것도 좋습니다. 하지만 어절 수준으로 잘게 쪼갤 경우, 질문을 만들었을 때 무의미해질 수 있다는 점을 명심해야 합니다.

Task를 나눈 이유는 질문을 만들기 위해서입니다. 그런 다음 나눈 의미 단위에 '왜'를 붙여 질문을 만들어봅시다.

왜 이번 회의일까?

왜 새로운 상품을 개발해야 할 필요성이 대두됐을까?

왜 기능성 운동화를 만들자고 사장님이 말씀하셨을까?

왜 각자 기획안을 작성할까?

왜 일주일 후에 제출할까?

이렇게 의미 단위로 분절된 각각의 말에 '왜'를 붙여 질문하는 단계가 매우 중요합니다. 이제 첫 번째 질문을 자세히 살펴봅시다.

'왜 이번 회의일까?'라는 질문이 나왔습니다. 이번 회의에서 얘기한 주제를 알면 기획안의 경중과 회사가 원하는 방향을 이해할 수 있습니다. 만약 '기존 고객의 이탈 방지책 마련'이 회의의 주된 이슈였다면, 기존 고객이 새롭게 구매할 상품을 개발해야 합니다. 그렇다면 무엇보다 기존 디자인과 차별화되어야 할 것입니다. 같은 디자인의 운동화를 또 구매한다는 느낌을 주지 않도록 말입니다.

'마니아층을 만들어라'가 회의의 주된 이슈였다면 트렌드에 민감한 젊은 층이 열광할 만한 상품을 집중적으로 개발해야 할 것입니다. '고객층을 넓힌다'가 회의의 이슈였다면 그동안 공략하지 않았

기대하는 결과물이 무엇인가?

던 중년층이나 유소년층이 신고 싶을 상품에 주목해야 할 것입니다.

하나의 질문에도 이토록 다양한 답이 존재할 수 있습니다. '왜 새로운 상품을 개발해야 할 필요성이 대두됐을까?' '왜 기능성 운동화를 만들자고 사장님이 말씀하셨을까?' 등 다른 질문에도 여러 대답이 나올 수 있습니다.

Task를 분해하지 않아도 '왜'를 물을 수는 있습니다. 다만 뒤죽박죽 정리되지 않은 채로 질문하게 될 가능성이 큽니다. 질문을 던지고 답변을 찾아가는 과정이 복잡해지면 놓치는 부분이 생기게 마련이고, 시간이 오래 걸릴 수 있으며, 그러다 보면 기대하는 결과물을 찾기 위한 질문을 포기할 우려도 생깁니다. 뒤죽박죽 질문하다 보면 '이 정도 질문했으면 됐겠지? 바쁘니까 일단 기획안부터 쓰자.'라는 생각이 드는 게 자연스러운 반응입니다.

일의 결과를 좋게 만들기 위해서는 체계적으로 기대하는 결과물을 찾기 위한 질문을 던지는 과정이 필요한데, 이때 Task를 나누면 체계적인 질문을 훨씬 수월하게 할 수 있습니다. Task를 잘 나누었다면 이제 그중에서 핵심 질문을 찾는 단계로 넘어가면 됩니다.

핵심 조각 찾기

Task를 분해한 다음 '왜'를 붙이면, 핵심 질문을 빠르게 찾을 수 있습니다. 핵심 질문이란, 'Task의 기대하는 결과물'을 관통하는 질문입니다. Task의 기대하는 결과물, 그것 하나만 해결되면 나머지 문제는 생각보다 쉽게 해결할 수 있습니다. 그러나 그 질문을 해결하지 않으면 나머지 문제가 꼬일 수밖에 없습니다.

다시 질문을 살펴봅시다.

왜 이번 회의일까?

왜 새로운 상품을 개발해야 할 필요성이 대두됐을까?

왜 기능성 운동화를 만들자고 사장님이 말씀하셨을까?

왜 각자 기획안 작성할까?

왜 일주일 후에 제출할까?

위 질문 중에서 어떤 질문이 가장 핵심일까요?

Task의 기대하는 결과물을 관통하는 질문이 무엇일까 생각해봅시다. 가장 쉬운 방법은 Task가 어떻게 시작되었는지, 시작 지점을 찾아보는 것입니다.

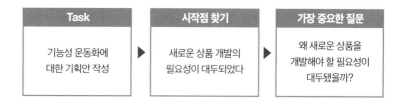

분석을 통해 가장 중요한 질문을 찾았습니다. 그렇다면 류혜진 매

기대하는 결과물이 무엇인가?

니저는 이 질문에 어떻게 답해야 할까요? 회의에서 신상품 개발의 필요성에 관해 이야기를 꺼낸 사람에게 직접 찾아가 확인하면 가장 정확하고 좋습니다. 하지만 처음 이야기를 꺼낸 사람이 누군지 확실치 않을 때도 있습니다. 그리고 만약 사장이라면 직원이 직접 물어보기 쉽지 않을 수도 있습니다.

그럴 경우, 확실한 정보를 가진 사람, 이 사례에서는 회의에 참석했던 팀장에게 질문하는 것이 좋겠습니다. 이때도 역시 기대하는 결과물을 찾기 위한 질문이 필요합니다. 시행착오를 거쳐 적절하게 Task를 분절한 류혜진 매니저는 팀장에게 핵심 조각을 찾는 질문을 던졌습니다.

"새로운 상품 개발이 필요하다고 생각하신 이유를 가르쳐주실 수 있을까요?"

그의 질문에 팀장은 이렇게 답했습니다.

"우리 회사가 패션 운동화에 의지하고 있는 비중이 현재 40%야. 지금이야 워낙 잘 나가고 있으니 당분간은 문제없을 거야. 하지만 후속 상품 개발이 이어지지 않을 경우, 단일 품목 의존도가 지나치게 높아질 우려가 커. 소비자들이 계속 우리 제품만 사용한다면 모르겠지만, 패션이란 게 워낙 변화가 빠르니까 지금부터 준비할 필요가 있지."

질문을 통해 Task의 기대하는 결과물이 '단일 품목 의존도 낮추기'라는 사실을 알게 된 류혜진 매니저는 이제 기대하는 결과물을 충족시키는 최상의 결과를 내는 데 집중할 수 있게 되었습니다.

만약 류 매니저가 끝까지 기대하는 결과물을 알지 못한 채 기획안을 작성했다면 어땠을까요? 이미 검증된 디자인으로 기능성 운동화 시장에 파고들겠다는 취지에서 '현재 인기 제품에 기능성을 더한다'는 식의 기획안이 나왔을 수 있습니다. 이것은 본래 Task의 기대하는 결과물에 맞는 기획안이 아닙니다.

핵심 조각에 대한 분석이 끝나면 나머지 질문들도 하나씩 풀어나가면 됩니다. 여기서 유념해야 할 부분이 있습니다. 뒤에 자세히 이야기하겠지만, 같은 말이라도 받아들이는 사람에 따라 다르게 이해하는 경우가 많습니다. 따라서 복잡한 Task일수록 알아낸 사실들에 관해 명확히 정리해두어야 일을 진행하다가 놓치는 부분을 줄일 수 있습니다.

Task를 정리하는 것은, 논문을 작성할 때 흔히 볼 수 있는 '용어 정의' 방식을 떠올리면 쉽습니다. 논문에서 이야기할 핵심용어들을 미리 정리하는 부분 말입니다. 하지만 기대하는 결과물을 찾아가는 과정에서 용어를 정리해두는 이유는, 이론을 만들고자 하는 것도, 누군가에게 보여주기 위한 것도 아니므로 너무 어렵게 생각할 필요는 없습니다. 알고 있는 것들을 펼치고 정리하는 단계라고 여기고 형식에 구애받지 말고 자유롭게 나열하면 됩니다.

류혜진 매니저는 의미 단위로 분절한 Task의 항목을 다음과 같이 정리했습니다.

이번 회의	기존 고객의 이탈 위험과 방지책을 논의하는 자리였다. 현재는 회사가 안정된 상태지만 한 제품에 의존하는 경향이 크다. 따라서 새로운 제품을 개발하지 않으면 기존 고객이 이탈할 가능성도 크고 유행이 바뀌었을 때 회사가 흔들릴 수 있다는 결론이 나왔다.
기능성 운동화를 개발하자는 사장님 의견	단일 품목 의존도를 낮추기 위한 방안이다. 만약 기능성 운동화가 아닌 다른 더 좋은 제품을 제안한다면, 이 부분이 수정될 가능성이 있다.
각자 기획안 작성	다양한 아이디어를 받아보자는 의도이다. 더불어 각자 기획안을 작성해 제출하는 것은 다른 직원들과 비교 선상에 선다는 의미이기도 하다. 회사 내 어떤 사람들이 같은 지시를 받았는지도 눈여겨봐야 할 것이다.
일주일 후 제출	당장 기획이 시급해서 일주일이라는 시간이 주어진 것이 아니다. 일차적으로 아이디어를 검토하고자 한 것이다. 따라서 완벽한 보고서를 만들기보다 참신한 아이디어에 중점을 둔 1차 기획안을 작성하는 편이 낫다.

이렇게 Task를 정리하고, 기대하는 결과물인 '단일 품목 의존도 낮추기'를 다시 생각해 본 류혜진 매니저는 '왜 꼭 기능성 운동화여야 할까?'라는 새로운 질문을 떠올릴 수 있었습니다.

가볍게 걸을 때 신기 위해 신발을 구입하는 고객들은 마라톤복에도 관심이 많습니다. 그때, '마라톤복은 길이가 짧고 소재가 너무 얇아 부담스럽게 느껴진다'라는 고객의 의견을 떠올린 류혜진 매니저는 기능성 운동화에 관한 아이디어 대신 가볍게 걸을 때 입을 수 있는 트레이닝복 관련 아이디어를 내기로 마음먹었습니다. 새로운 트레이닝복이 성공한다면, 그동안 시장 점유율이 낮았던 스포츠의류

라인에 힘을 실을 수 있습니다. 동시에 운동화 라인에 대한 의존도도 낮출 수 있는 효과가 있습니다. 결국, 류혜진 매니저의 신제품 기획안은 기능성 운동화가 아니라 기능성 트레이닝복에 관한 내용으로 바뀌었습니다.

어떤가요? Task를 분해해서 핵심 질문을 뽑아내는 것만으로도 이렇게 다른 결론에 다다를 수 있습니다. 하지만 안타깝게도 우리에게 Task가 주어질 때는 이렇게 완벽한 문장으로 주어지는 경우가 별로 없습니다.

Task 빈칸 채우기

기능성 운동화를 개발하려고 하니 다음 주까지 각자 기획안 제출하세요.

회사 내 거의 모든 일은 위로부터 주어집니다. 일의 기대하는 결과물은 질문을 거듭하며 알아갈 수 있지만, 그 일에 대한 제반 사항, 즉 누가, 언제, 어디서 등의 정보는 확실히 모를 때가 많습니다. 새로운 기획 같은 경우, 주요 업무이니 위의 문장처럼 앞뒤가 잘린 채 지시가 내려오지는 않겠지만, 조금 덜 중요한 일이라고 판단되는 업무에는 자세한 설명이 생략되는 경우가 많습니다.

기대하는 결과물이 무엇인가?

"복사 2부만 해주세요." 같은 일이 좋은 예가 될 것입니다. 그런 일은 굳이 기대하는 결과물를 알아내려고 하지 않는 것이 일반적입니다. 그러나 Task의 빈칸을 채워, 일의 기대하는 결과물를 알게 되면 눈에 띄게 다른 결과를 낼 수 있습니다.

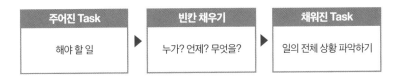

주어진 Task		빈칸 채우기		채워진 Task
해야 할 일	▶	누가? 언제? 무엇을?	▶	일의 전체 상황 파악하기

복잡해 보이지만 막상 하나씩 해보면 매우 쉽습니다. '복사 2부' 이야기에서 살펴보도록 합시다.

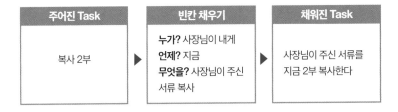

주어진 Task		빈칸 채우기		채워진 Task
복사 2부	▶	**누가?** 사장님이 내게 **언제?** 지금 **무엇을?** 사장님이 주신 서류 복사	▶	사장님이 주신 서류를 지금 2부 복사한다

빈칸을 다 채운 Task는 결국 '사장님이 주신 서류를 지금 2부 복사한다'로 만들어졌습니다.

이제 이렇게 채워진 Task를 분절하여 '왜'를 붙인 질문을 만들고, 핵심 질문을 찾아내면 됩니다. 그러나 이 Task에서는 굳이 질문이 필요 없는 부분도 있습니다. 예를 들면 '왜 사장님이 주셨을까?' 같은 질문이나, '왜 지금 해야 할까?'라는 질문을 생각해봅시다. 굳이 질문할 필요 없다는 것을 상식적으로 알 수 있습니다. 때로는 이렇게 Task에 따라 각자의 판단이 필요한 때가 있습니다. Task를 분절하여 질문하는 것이 정석이지만, 위에서처럼 불필요한 부분에까지 '왜'를 일일이 붙일 필요는 없으니까 말입니다.

다시 위의 Task를 살펴봅시다. 불필요한 질문들을 제외하자 결국 '왜 복사?'라는 질문이 남습니다. 그것이 바로 기대하는 결과물을 찾는 핵심 조각으로, 사장님에게 직접 물어보고 확인해야 하는 부분입니다.

'복사하는 일에까지 이런 과정을 거쳐야 하는가?'라고 생각할 수도 있습니다. 그러나 사소한 일일수록 Task의 빈칸을 채우기 쉽다는 점도 생각해보기 바랍니다. 이러한 시도만으로도 결과에 큰 차이가 생길 수 있습니다.

몇 년 전 일입니다. 경영 자문을 맡은 회사의 주간 성과회의 때 기획팀장이 프로젝트 진행을 보고하며 난색을 보인 적이 있습니다. 팀원 두 명이 있는데, 비슷한 스펙에 비해 시킨 일의 결과에 너무 차이가 난다고 했습니다. 팀장은 왜 그런지 이유를 잘 모르겠다는 눈치였습니다. 그간 멀리서 지켜봐 왔던 저로서는 그 이유를 잘 알 것 같았지만, 단순히 말로만 설명하기보다 팀장에게 차이점을 보여주고 싶었습니다. 우선 그 두 명의 팀원 중 한 명을 회의실로 불러서 말했습니다.

"이 서류 2부만 복사해주세요."

그는 곧바로 이면지에 깨끗하게 복사된 서류를 들고 왔습니다. 그를 내보내고 나머지 한 명을 불러서 똑같이 말했습니다. 그랬더니 그 팀원이 대뜸 이렇게 물었습니다.

"지금 회의 때 필요하신 건가요, 아니면 외부에 가지고 나가시는 건가요?"

오후에 있을 외부 미팅에 사용할 자료라고 했더니, 잠시 망설이다가 이렇게 얘기했습니다.

"그렇다면 이 자료를 태블릿 PC에 넣어서 가시는 건 어떨까요? 함께 화면을 보며 한 장씩 넘기면서 이야기 나누시면 집중도 잘되고 좋을 것 같습니다."

그가 나가고 팀장이 말했습니다.

"왜 차이가 나는지 알겠습니다."

복사 같은 사소한 일에도 Task에 빈칸을 채우는 사람이라면, 그에게 무슨 과제를 주더라도 질문을 던지며 빈칸을 채우고 기대하는 결과물을 떠올리면서 일했을 것이고, 당연히 결과에도 차이가 났을 것입니다.

위에서 아래로 지시가 내려오는 회사에서는 이처럼 기본 정보가 많이 생략된 채로 Task가 전달되는 경우가 다반사입니다. 시시콜콜 말하지 않아도 잘 알고 있으리라는 속단 때문인데, 비단 같은 회사 사람들 사이에서만의 문제는 아니라고 생각합니다. Task를 외부 사람이 진행할 때도, 그가 이미 많은 것을 알고 있을 것으로 예단하고 자세한 설명을 생략하는 경우가 많습니다.

제 경우에는 강의요청이 많이 들어오는데, 그저 '강의'라고 말하면 잘 알 것으로 생각해서 그런지, 중요한 정보를 이야기하지 않고 강의 스케줄부터 물어오는 경우가 많습니다.

"6월 28일에 강의를 해주셨으면 하는데, 오후 3시쯤 일정이 가능하신가요?"

어떤 사람이 참석하는지, 인원은 몇 명인지, 큰 행사 중 일부라면 행사의 주제는 무엇인지 등 강의에 관한 정보는 하나도 없이 말입니다. 그런 부분을 알아야 내가 소화할 수 있는 강의인지 1차적 판단을 할 수 있습니다. 그럴 때 저는 질문으로 빈칸을 채웁니다.

"강의에 주로 어떤 사람이 참석합니까?"

"몇 명 규모의 강의입니까?"

"강의 시간은 얼마나 됩니까?"

"강의 주제는 무엇입니까?"

질문을 통해 빈칸 채우기가 완성됩니다.

'이제 막 과장으로 승진한 직원들을 능력 있는 예비 리더로 성장시키기 위한 강의. 80명에서 100명 정도 참석. 두 시간 정도 성과관리 강의를 희망함.'

나는 그제야 '성과 중심으로 일하는 방법과 실행자의 역할'을 주

기대하는 결과물이 무엇인가?

제로 강의하면 되겠다는 생각을 떠올릴 수 있습니다.

    이렇듯 빈칸 채우기는 질문을 통해 이뤄집니다. Task의 빈칸을 채운 후 의미 단위로 분절하면, 핵심 질문을 한눈에 알아낼 수 있고, 그 일의 기대하는 결과물에 빠르게 접근할 수 있습니다.

2
Continue :
꼬리에 꼬리를 물고 질문하기

프레임에서 벗어나기

'토끼와 거북이' 이야기를 모르는 사람이 있을까요? 예전에는 이 이야기를 '성실한 사람이 게으름 피우는 사람을 이긴다'라는 의미로 배웠습니다. 요즘은 창의력 수업이다 뭐다 해서 '잠든 토끼를 깨우지 않고 지나친 거북이가 나쁘다'라는 새로운 교훈을 끌어내는 등 다양한 해석이 나오고 있습니다. 그런데 이런 질문을 던지는 사람은 많지 않을 겁니다.

"왜 땅에서 사는 토끼가 물에서 사는 거북이에게 경주하자고 제안했을까?"

"왜 거북이는 토끼가 경주하자는 제안을 받아들였을까?"

"거북이는 물에서, 토끼는 땅에서 경주하는 게 공정한데 왜 아무도 부당한 경기라고 말하지 않았을까?"

어린 시절부터 들어온 익숙한 이야기임에도 불구하고, 토끼와 거북이의 경주가 시작부터 불공정하다는 점을 어른이 된 이후에도 생각하지 못하는 경우가 많습니다. 이유가 무엇일까요?

첫째, 사람은 기존의 프레임 안에서만 의미를 찾으려 하기 때문입니다. 그렇기에 아무리 다양한 시각으로 보려고 해도 이미 정해진 틀에서 벗어나지 못하는 경향이 있습니다. 사람들이 '토끼와 거북이' 이야기에서 둘의 잘잘못을 따지는 데 머문 채 다른 시각으로 생각해보지 않는 것이 이를 증명합니다.

둘째, 사람들은 이미 잘 알고 있다고 생각하는 순간, 더는 의문을 품지 않는 경향이 있습니다. 그래서 우리는 더더욱 기존의 틀에서 벗어나기 위해 노력해야 합니다. 저는 작은 일, 익숙한 일일수록 다양하게 질문해보라고 말합니다. 거기서부터 틀을 벗어나는 습관이 시작됩니다.

처음부터 혼자 가치 있는 질문을 이어가기란 생각보다 쉽지 않습니다. 기대하는 결과물을 찾기 위한 질문도 마찬가지입니다. 프레임 안에서 사고하는 습성을 이기고 다양한 질문을 던지는 것은 어려운 일이기 때문입니다. 다행히 우리는 습관이라는 좋은 도구를 활용할 수 있습니다. 첫 시작이 어렵긴 하지만 의식적으로 다양한 질문을 던지려고 노력해봅시다. 어느 순간 여러 가지 질문이 익숙하고 편안해지는 시기가 올 것입니다.

틀을 벗어나서 사고하려면 한 가지 일을 앞두고 여러 번, 다양하게 기대하는 결과물을 질문해야 한다는 사실을 잊지 마시기 바랍니다. 다양한 시각으로 질문을 던지면 새로운 방향이 보이고 길이 열리기 시작합니다.

끈질기게 끈기 있게

Task를 분해해 핵심 질문에 '왜'를 붙여 기대하는 결과물을 찾는 데서 멈추지 않고 다시 여러 번 질문을 던져야 하는 까닭은, 제반 사항들을 제대로 파악해야 하기 때문입니다. Task의 기대하는 결과물이 커다란 방향을 파악하게 해준다면, Task를 둘러싼 제반 사항은 상세한 이정표가 되어줍니다. 따라서 Task를 둘러싼 모든 것들에 대해서도 '왜'를 붙여 각각 기대하는 결과물들을 찾아야 합니다.

앞에서 소개한 류혜진 매니저의 사례에서도, 저는 핵심 질문의 답을 찾은 후에 '왜 이번 회의일까?' '왜 기능성 운동화일까?' '왜 각자 기획안을 내야 할까?' '왜 일주일일까?' 등 부수적인 것들의 기대하는 결과물을 질문해보라고 이야기했습니다. 이것이 바로 'Continue', 즉 기대하는 결과물을 찾기 위한 질문 속으로 파고드는 단계입니다. 끈기 있게 꼬리에 꼬리를 물고 질문을 던지는 'Continue'는 기대하는 결과물을 찾아가는 과정의 기본자세라고 할 수 있습니다.

앞에서도 거듭 이야기했지만, 흔히들 실행해야 한다는 압박감에 떠밀려 생각하는 데 긴 시간을 투자하기 힘들어합니다. 따라서 이 단계에서는 집중력이 필요합니다.

기대하는 결과물을 생각하는 것은 결과적으로 정확한 길을 가르쳐주어 실행 속도를 빠르게 만들어준다는 점을 잊지 말아야 합니다. 잠시 아무것도 하지 않는 것처럼 보일 수 있지만, 사실은 더 빨리 효율적으로 일하는 길을 찾는 과정입니다. 그러니 기대하는 결과물을 생각하는 시간을 아까워하지 말고 질문을 거듭합시다.

일본에서 '경영의 신'으로 평가받는 이나모리 가즈오稻盛和夫는 끈질기게 '왜'를 묻는 것으로 유명합니다.

1980년대 일본에서는 국가 독점 사업이었던 전화·전신 사업을 일반 기업들에 오픈하여 신규 참여를 지원하게 했습니다. 교세라Kyocera를 창립하여 탄탄대로를 걷고 있던 이나모리 가즈오 역시 이 사업을 눈여겨보고 있었습니다. 그의 준비는 주로 사색 속에서 이뤄졌습니다.

처음에 그는 '경쟁자가 많아지면 전화 요금을 낮출 수 있으니 여러모로 좋은 사업'이라는 막연한 생각을 했습니다. 그러나 곧 냉정함을 되찾고 이유를 묻고 답을 찾기 시작했습니다.

'왜 전화 요금을 낮춰야 할까?'

'정보화 사회를 앞둔 지금, 시대와 사회의 요청일 것이다.'

'왜 지금처럼 유지되면 안 될까?'

'지금대로라면 고도 정보화 사회가 온다고 해도 데이터 비용이 너

무 비싸서 활용하지 못할 것이다.'

'왜 내가 전화 사업에 진출해야 할까?'

'돈을 더 많이 벌고 싶은 욕심 때문일 수도, 국민적 영웅이 되고 싶은 꿈 때문일 수도 있다.'

이나모리 가즈오는 이어지는 질문과 대답을 붙들고 놓지 않았습니다. 그리고 마지막으로 한 가지 질문에 파고들었습니다.

'왜 내가 전화 사업에 진출해야 할까?'

오랜 시간을 생각한 끝에 '누군가 하지 않으면 안 된다.'라는 막연한 생각은 '내가 해야 한다.'라는 사명감으로 바뀌었습니다. 이나모리 가즈오는 몇 개월 동안 수만 번 질문한 끝에 사업 참여를 통해 기대하는 결과물을 완성할 수 있었습니다. 그리고 오랜 숙고 끝에 찾아낸 생각을 구성원들과 함께 나누었습니다.

"이렇게 큰 리스크를 감수하고 전화 사업을 하려는 이유는 단 하나, 일본의 전화 요금을 낮추기 위함입니다. 일본의 전화 요금은 미국보다 열 배 비쌉니다. 이는 전화 사업의 독점 때문입니다. 그래서 나는 새로운 전화회사를 만들어 전기통신 시장에 정당한 경쟁을 일으키고 전화 요금을 내리고 싶습니다. 전화 요금이 내려가면 고도 정보화 사회가 더 빨라질 테고, 이는 일본의 경쟁력을 높여 국민 생활을 풍요롭게 해줄 것입니다. 반대로 전화 요금이 계속 비싸다면 국민의 부담은 점점 늘어날 것입니다. 세상을 위해, 국민을 위해 리스크를 감수하고 과감하게 도전해보고 싶습니다."

기대하는 결과물이 무엇인가?

오랜 시간 그가 고민하고 찾아낸 사업 참여의 목적, 즉 그 사업을 통해 기대하는 결과물을 꺼내놓았을 때, 이의를 제기하는 사람은 아무도 없었습니다. 그는 회사 보유 자금의 3분의 2를 투자해 다이니덴덴(현 KDDI)을 설립했고, 일본 2위의 통신업체로 성장시켰습니다. 그가 처음부터 전화 사업을 따내는 데만 집중했다면 이 같은 결과를 거두기 힘들었을 것입니다. 충분한 시간을 들여 끊임없이 스스로 질문한 뒤, 흔들리지 않는 사업의 목적을 찾았기에 사람들을 설득하고 과감하게 투자할 수 있었습니다.

모든 일을 앞두고, 이나모리 가즈오 회장처럼, 몇 개월 동안 기대하는 결과물을 찾는 데 투자하라는 것은 아닙니다. 스스로 충분히 답을 찾을 때까지, 하려는 일에 의문이 사라질 때까지 생각하면 됩니다. 사안에 따라 순식간에 기대하는 결과물을 찾을 수도 있지만, 일생일대를 흔들 큰 결정을 앞두고는 몇 개월, 길게는 몇 년 동안 질문을 거듭해야 할 수도 있으므로 기대하는 결과물을 생각하는 데 절대적인 시간은 중요하지 않습니다.

도요타의 5WHY 기법

도요타TOYOTA는 문제를 개선하는 데 '왜'를 반복적으로 질문하는 것으로 유명합니다. 도요타의 전 부사장인 오노 다이이치大野耐一는 5WHY라는 문제 해결 도구를 도입하여, 문제가 발생할 경우 다섯

문제점	도색이 제대로 되지 않는 경우가 간혹 발생한다	
WHY 1	왜 도색이 제대로 되지 않는가?	공정 과정에 습기가 차서 마른 뒤에도 색이 균일하지 않다.
WHY 2	왜 습기가 맺히는가?	공정 전, 공기 중의 수증기가 차체의 열기에 닿아 습기가 찬다.
WHY 3	왜 차체에 열기가 발생하는가?	용접 공정에서 열기가 제대로 식혀지지 않아서 그렇다.
WHY 4	왜 용접 공정에서 열기가 제대로 식지 않는가?	용접 공정 후 도장 공정으로 넘어가는 시간이 짧아져서 그렇다.
WHY 5	왜 시간이 짧아졌는가?	생산 라인이 빠르게 개선되면서 용접에서 도장으로 넘어가는 시간도 짧아졌다.
해결책	용접 공정에서 도장 공정으로 넘어가는 과정에 건조 장치를 설치한다	

도요타의 5WHY 사례

번 '왜'를 던져 문제의 근본 원인을 해결할 것을 권했습니다.

거듭해서 이유를 물으면 문제의 근본적인 원인을 찾아 해결할 수 있다는 5WHY는 이미 도요타의 행보에서 여러 차례 유용성을 입증받았습니다. 도요타 말고도 많은 사람들이 5WHY를 기획, 재무, 인사, 연구개발, 생산, 마케팅, 영업 등 다양한 분야에서 연구하고 활용하고 있습니다.

'왜'를 거듭하여 의문점을 해결하다 보면 일의 처음과 끝, 즉 일이 시작된 이유와 그 일을 통해 이루고자 하는 기대하는 결과물을 깊이 들여다볼 수 있습니다. 또한 일의 본질을 그려볼 수 있습니다. 그렇다고 꼭 다섯 번 해야 한다는 뜻은 아닙니다. 도요타는 그 기준을

기대하는 결과물이 무엇인가?

다섯 번으로 잡았지만, Task에 따라 열 번이 될 수도, 백 번이 될 수도 있습니다. 질문 횟수가 중요한 것이 아닙니다. 질문을 거듭하며 진짜 기대하는 결과물을 찾아내는 것이 핵심입니다.

4W 질문법

지금까지 기대하는 결과물을 찾기 위해 질문을 거듭하라고 이야기했지만, 무작정 질문을 던지다 보면 중구난방이 되기 쉽습니다. 바로 이때 4W를 기억하면 좋습니다. 깊이 파고드는 질문을 수직적 관점이라 한다면, 이렇게 4W를 붙여 확장하는 것은 수평적 관점이라 할 수 있습니다. 결국, 다양한 방향에서 질문할 수 있으므로 Task를 심층적으로 파악하는 데 도움을 받을 수 있습니다.

4W는 '누가(Who)' '언제(When)' '어디서(Where)' '무엇을(What)' 네 가지를 말합니다. 여기서 빠진 두 가지는 '왜(Why)'와 '어떻게(How)'입니다. 4W를 붙여 질문함으로써 '왜'를 알게 되면, '어떻게' 역시 쉽게 떠올릴 수 있습니다.

4W는 모든 Task에 존재하지만, 반드시 전부 다 질문할 필요는 없습니다. 일을 지시한 사람이 명확한 경우, '누가 지시했을까?' 같은 질문은 의미가 없으니 말입니다.

제조업체에 근무하는 기획팀 김태근 프로의 이번 주 주요 과제는 아래와 같습니다.

Task: 우리 팀의 1/4분기 성과보고를 위해 30분 분량의 프레젠테이션 자료를 만들 것

다행히 이 Task에서는 1차적으로 기대하는 결과물이 비교적 명확합니다. '팀의 1/4분기 성과보고'가 그것입니다. 이를 위해 프레젠테이션 자료를 만드는 것이 그의 Task입니다. 김태근 프로는 이에 그치지 않고 현명하게 Task를 분절하고 계속 질문을 하려고 합니다. 그가 해야 할 일은 4W 질문을 던져 Task를 더 심층적으로 살펴보는 것입니다. 방법은 간단합니다. 4W를 적어두고 그와 관련된 질문을 떠올려보는 것입니다.

기대하는 결과물이 무엇인가?

4W와 관계된 질문을 자유롭게 떠올린 후 답을 찾고, 다시 또 '왜'를 붙여 질문을 던지는 과정을 반복한 김태근 프로는 Task를 이렇게 다시 정리해보았습니다.

4월 9일 멀티미디어 회의실에서 열릴 팀별 1/4분기 성과 공유 회의 때 사용할 자료. **Where**	각 팀의 업무 진행 상황과 시장 반응을 총체적으로 판단하기 위한 1/4분기 성과보고용 자료. 각 팀의 업무 진행 상황과 시장 반응을 총체적으로 판단하기 위해 1/4분기 프로젝트에 투입된 자원과 성과를 대비시킨 부분을 강조해야 함. **What**
When 4월 16일 오후 2시 상반기 성과 조정 회의가 열림. 그에 앞서 4월 9일에 임원진과 팀장들 앞에서 각 팀의 1/4분기 성과를 공유하기로 함. 따라서 4월 2일 오전까지 프레젠테이션 자료를 1차로 보고하고, 4월 4일까지 자료를 보강하여 발표자에게 넘긴다.	**Who** 회의 참석자들은 각 팀의 팀장, 파트장들. 차장·부장급이 주가 될 것이다. 우리 팀의 프레젠테이션 자료 작성과 발표 책임자는 김 차장. 김 차장은 숫자와 도표를 이용해 자료를 정리하는 것은 잘하지만, 발표가 지루한 감이 있으므로 애니메이션 효과 등을 가미한 프레젠테이션 자료가 필요함. 프레젠테이션 자료를 잘 만드는 사람으로 내가 투입됨.

김태근 프로는 4W와 관련된 질문을 떠올려 답을 찾고 다시 또 '왜'를 붙여 질문하는 과정을 통해 기대하는 결과물을 정리할 수 있었으며, 프레젠테이션 자료를 어떻게 만들어야 할지도 정확히 파악할 수 있었습니다.

왜	어떻게
본 회의는 각 팀의 업무 진행 상황과 시장 반응을 총체적으로 판단하여 추후 진행 상황을 점검하는 것이 기대하는 결과물이다. 각 팀의 현황을 한눈에 파악할 수 있는 프레젠테이션 자료를 가지고 멀티미디어 회의실에서 회의를 연다.	프레젠테이션 중 투입된 자원과 성과를 대비하는 부분이 중심. 한눈에 이해하기 쉽도록 애니메이션 효과를 이용해 변동 폭을 잘 보여줄 수 있는 자료를 만든다.

Task를 구성하는 요소마다 '왜'가 존재하고, '왜'에 따라 해야 하는 일도 달라지기 때문에, 새로운 일에는 언제나 '왜'를 물어야 합니다. '왜'를 거듭하며 의문점이 없을 때까지 질문 속에 머물러 있는 Continue 단계는 3Cs 3단계 중 핵심이며 절대 잊어서는 안 되는 단계라는 점을 꼭 기억하기 바랍니다.

3
Confirm :
상대에게 확인하기

묻고 확인하라

"물을 떠오거라."

드라마 「대장금」에서 궁궐의 음식을 담당하는 수라간에서 나인들에게 요리를 가르치는 한 상궁은 어린 장금이에게 매일 아침 물을 떠오라고 시킵니다. 그러나 장금이가 뜨거운 물, 찬물, 버드나무 잎 띄운 물 등을 번갈아 떠가도 한 상궁은 거들떠보지 않습니다.

어느 날 장금이는 어머니가 자신에게 물을 건네기 전 늘 "배가 아프지는 않니? 화장실은 다녀왔니? 목이 아프지는 않니?"라고 물었던 기억을 떠올리고는 한 상궁에게 배가 아픈지, 화장실은 다녀왔는지, 목이 아픈지를 묻습니다. 온화한 미소를 지으며 목이 아프다고 이야기하는 한 상궁에게 장금이는 물에 소금을 타서 갖다 줍니다.

장금이가 한 상궁에게 배가 아픈지, 화장실은 다녀왔는지, 목이 아픈지를 물었지만, 이는 바꿔 말하면 자신이 떠온 물을 거들떠보지 않는 이유를 확인하는 과정이었습니다. '왜 내가 떠온 물을 거들떠보지 않으실까?'를 알면 '어떤 물을 떠가야 할까?'라는 문제가 풀린다는 사실을 비로소 눈치챈 것입니다.

기대하는 결과물을 정확히 알면 해야 할 행동이 확실해진다고 여러 차례 이야기했습니다. 그러나 기껏 기대하는 결과물을 생각해내고 나서 확인하지 않는다면, 그 역시 또 다른 형태의 추측에 그칠 위험이 있습니다. 일의 기대하는 결과물을 확인하기 위해서는 반드시 연관된 사람에게 묻고 확인하는 과정을 거쳐야 합니다. 하지만 아쉽게도 대부분의 사람들이 이를 잘 실천하지 않습니다. 여기에는 세 가지 경우가 있습니다.

첫 번째, 상대에게 되물어야 한다는 사실을 아예 인식하지 못하는 경우입니다. '혼자서 해결해야 한다.'라는 생각에 이 방법 저 방법 실행부터 하거나, '나는 이미 알고 있다.'라는 함정에 빠져 있는 경우가 많습니다. 맡은 일을 스스로 해결하려는 것은 옳은 행동입니다. 다만 그 전에 반드시 일의 기대하는 결과물을 검증해야 합니다.

두 번째, 기대하는 결과물을 물어봐야 한다고 생각은 하지만 묻기 어렵다는 이유로 건너뛰는 경우입니다. 모두가 당연하게 여기는 일인 경우, 기대하는 결과물을 되묻기는 쉽지 않습니다. 특히 상대가 회사의 상위리더나 임원이라면 더욱 그렇습니다. "이런 것까지 일일이 대답해줘야 해?"라는 말을 듣고 싶지 않으니 입을 다물고 맙니다. 그럴 때마다 떠올리면 좋은 중국 격언이 하나 있습니다.

'물어보는 사람은 5분 동안만 바보가 된다. 그러나 묻지 않는 사람은 영원히 바보로 머문다.'

5분만 바보가 되어 작은 일이라도 상대에게 물어보고 확인하는 것이, 영원한 바보가 되는 것보다 낫지 않겠습니까? 질문을 두려워하지 않아야 합니다.

세 번째, 자신의 행동을 검증받을 상대가 분명치 않은 경우입니다. 즉 기대하는 결과물을 되물을 상대를 찾기 어려운 상황입니다. 이 경우에도 기대하는 결과물에 대한 검증은 빠트려서는 안 됩니다. 이럴 때는 제3자에게 물어보는 방법을 활용하면 됩니다. 한 사람의 머릿속에서 나올 수 있는 대답에는 한계가 있습니다. 이때 제3자는 내가 기대하는 결과물을 확인시켜주는 좋은 검증자가 될 수 있습니다.

멘토를 찾는 이유

멘토 열풍이 분 지 꽤 오래됐습니다. 나보다 앞서 경험한 이에게 삶과 일에 대해 조언을 얻고자 하는 사람들이 많아지면서 이제는 멘토 한 명쯤은 필수로 여겨지기까지 하는 추세입니다. 회사에서는 신입사원이 들어오면 적극적으로 사내 멘토-멘티제도를 시행하기도 합니다. 신입사원이 일과 직접적인 관련이 없더라도 사회 선배의 도움으로 빠르게 성장하기를 바라는 의도인 것입니다.

저에게도 멘토들이 많습니다. 저의 멘토는 학교 선배이기도 하고 회사 선배로 만난 사회 선배이기도 합니다. 요즘에는 아이들에게도 지혜를 구합니다. 저는 생각이 꽉 막혀 있다고 느낄 때 곧바로 일을 덮고 새로운 길을 보여줄 멘토들에게 달려갑니다.

우리는 왜 멘토를 필요로 할까요? 멘토가 나를 대신해 일해주거나 단박에 정답을 내주지 않다는 것을 알면서도 말입니다. 멘토는 조언자의 역할만으로도 충분합니다. 그가 해주는 조언이 성공으로 가는 지름길은 아닐 수도 있습니다. 그저 같은 사안을 다른 시각, 다른 눈높이로 바라봐줄 뿐입니다.

그렇다면 왜 우리에게 다양한 시각이 필요할까요? 다른 사람의 의견을 구하면 성공에 다가갈 확률이 높아집니다. 더불어 실패를 줄일 확률도 높아집니다. 한 사람보다는 두 사람, 세 사람이 생각할 때 미처 보지 못한 부분을 발견할 가능성이 커지기 때문입니다. 우리가 일할 때 다른 사람의 의견을 참고해야 하는 까닭은 혹시나 놓친 빈틈을 찾아 메우기 위해서입니다.

당신이 지금 이 책을 읽고 있는 이유는 무엇인가요? 이 역시 멘토 찾기의 연장선이 아닐까요? 이 책이 독자들이 직면한 문제를 처음부터 끝까지 전부 해결해줄 수는 없지만, 기대하는 결과물의 중요성을 일깨워주고, 무슨 일을 하든 기대하는 결과물을 찾아 빠르게 결과를 낼 수 있도록 간접적으로 도와줄 수 있으니 말입니다.

기대하는 결과물이 무엇인가?

멘토를 찾는 이유, 책을 읽는 이유는 바로 다른 사람의 생각을 통해 자신의 추측을 확신으로 바꾸기 위해서입니다. 다른 사람의 생각을 들여다보고 자신의 행동과 사고를 조정하기 위한 것입니다. 다른 사람의 의견을 더하는 과정이 왜 필요할까요? 사람은 누구나 주관이라는 함정에 빠지기 때문입니다.

주관의 투영이라는 함정

프로이트 이후 심리학에서는 '주관의 투영'이라는 단어를 빈번하게 사용합니다. 주관의 투영이 작용하면 사람들은 자기 주관대로 생각하게 되고, 상대도 자신처럼 사고한다고 착각하게 됩니다. 그리고 자신의 주관 안에 갇혀 살게 됩니다.

누구나 경험했음 직한 작은 예를 하나 들어보겠습니다. 학교에 가면 전교 1등인 학생이나 바닥을 면치 못하는 학생이나 모두 이렇게 이야기합니다.

"공부를 제대로 못 했어."

그러나 결과를 열어보면 전교 1등과 꼴찌입니다. 제대로 공부를 못했다고 이야기해놓고 전교 1등을 차지한 학생은 거짓말을 한 걸까요?

그 학생 입장에서는 공부를 충분히 하지 못했을 것입니다. 다른 친구들보다 훨씬 열심히 했지만 스스로 부족함이 느껴지기 때문입니다. 여기서는 '제대로 못 했다'라는 부분이 주관이 투영된 영역입니다.

　주관은 자신의 견해를 공고히 해주는 힘이 되기도 하지만, 다른 사람의 의견을 수용하지 않는 벽이 되어 시야를 좁게 만들기도 합니다. '우물 안 개구리'가 되는 것이죠. 귀를 막으면 막을수록 우물벽은 높아지기 마련입니다.

　주관만으로 세상을 바라보며 제자리에서 맴도는 실수를 범하고 싶지 않다면, 더 빠르고 정확한 길에 대한 힌트를 얻고 싶다면, 주저하지 말고 다른 사람의 시선과 눈높이에서 나의 생각을 검증하는 과정이 필요합니다. 기대하는 결과물을 물어볼 당사자가 확실한 사안이라면 상대의 의도를 확인하고, 당사자가 불확실하다면 제3자의 시선을 끌어들이는 것이 방법입니다.

타인의 시선

　기대하는 결과물을 검증할 만한 상대는 어떻게 찾을 수 있을까요? 예를 들어, 누군가 나에게 살을 빼라는 미션을 주었거나, 시험에 합격하라는 조건을 제시했다면, 그 말을 한 상대에게 기대하는 결과물을 직접 검증할 수 있을 것입니다. 그러나 스스로 살을 빼겠다고 마음먹은 경우에는 기대하는 결과물을 검증할 만한 상대가 없다고 볼 수 있습니다. 혼자서 시험 합격을 목표로 삼은 것 역시 마찬가지

　　　　　　　　　　　　　　　　　　　　기대하는 결과물이 무엇인가?

입니다.

이럴 때 제3자에게 내가 생각한 기대하는 결과물을 검증하는 단계가 필요합니다. 당장 실행에 옮기고 싶은데, 그 전에 한 단계를 더 거쳐야 하니 귀찮을 수도 있습니다. 스스로 Task를 분해하고, 끊임없이 이유를 고민하고 기대하는 결과물을 찾아내기까지 했으면 당장 실행하고 싶은 생각이 들 것입니다. '내가 이렇게까지 노력해서 찾았는데 잘못되었을 리 없어!' 하는 생각도 들 것입니다. 그러나 검증 없이 혼자 생각해낸 수준에서 멈춘다면, 그리고 곧바로 실행에 옮긴다면, 그동안 기대하는 결과물을 생각하는 데 들인 노력이 한순간에 물거품이 될 수 있습니다.

상대 또는 다른 사람에게 기대하는 결과물을 확인하는 것이 귀찮을 수 있지만, 정확히 일을 실행하는 힘이 될 수 있습니다. 내 생각이 잘못됐다면 이를 바로잡아주고, 문제에 부딪혔다면 이를 해결할 뾰족한 묘수를 가져다주는 것, 바로 기대하는 결과물을 묻고 확인하는 과정의 역할입니다.

시야각을 넓히기 위하여

예나 지금이나 성공한 사람들 곁에는 그를 이끌어주고 시야를 넓히는 데 조언을 아끼지 않은 조력자가 있었습니다. 유비 곁에는 제갈량이 있었고, 워런 버핏 옆에는 벤저민 그레이엄 교수라는 주식 투자의 고수가 있었습니다. 유비는 제갈량을 통해 사람을 다스리고 나라를 통치하는 시야를, 워런 버핏은 벤저민 그레이엄 교수를 통해 돈과 부에 대한 시야를 넓힐 수 있었습니다.

안타깝지만 평범한 직장인 중에 시야를 활짝 넓혀줄 훌륭한 조력자를 가진 사람은 많지 않습니다. 그렇다고 '내 곁에는 제갈량 같은 조력자도, 벤저민 그레이엄 같은 스승도 없는데 어쩌란 말인가!' 하고 실망할 필요는 없습니다. 최선을 다해 노력을 기울인다면, 누구든지 훌륭한 조력자를 만날 수 있습니다. 유비와 워런 버핏처럼 말입니다.

유비는 뛰어난 모사를 얻기 위해 일면식도 없던 제갈량을 세 번이나 찾아갔습니다. 워런 버핏은 학창 시절 벤저민 그레이엄 교수의 『현명한 투자자』라는 책을 읽고, 그레이엄 교수가 몸담고 있던 컬럼비아 대학교 경영대학원에 입학해서 제자가 되었습니다. 유비가 제갈량을 세 번 찾아가기 전까지 제갈량은 유비에게 있어 모르는 사람에 불과했습니다. 워런 버핏 역시 컬럼비아 대학교에 입학하기 전까지는 벤저민 그레이엄과 일면식도 없었습니다. 그들은 자신의 시야를 넓혀줄 타인에게 다가가 의견 묻기를 두려워하지 않았습니다. 그 결과 평생의 조력자로 끌어들일 수 있었습니다.

타인의 눈을 빌리는 것은 이처럼 쉬운 일이 아닙니다. 내가 생각한 기대하는 결과물을 검증하기 위해 접근하는 일은 더더욱 어렵습니다. 그러나 시야를 넓힐 수 있다면, 타인의 눈을 빌리기 위한 노력쯤은 얼마든지 들일 수 있어야 합니다. 기대하는 결과물을 검증하는 일은 그만큼 중요합니다.

시야각을 넓혀줄 사람을 만나는 것은 어렵지만, 누군가의 시야를 통해 기대하는 결과물을 확인하기는 어렵지 않습니다. 자신에게 했던 질문을 상대에게 던져보면 됩니다. 일을 지시한 상대면 더 좋고, 멘토 같은 제3자도 좋습니다.

"제가 작년과 올해 소비자 변화를 분석해야 하는 이유가 무엇이라고 생각하세요?"

"제가 이번 프레젠테이션에서 발표를 맡아야 하는 이유가 무엇이라고 생각하세요?"

"제가 운동을 해야 하는 이유가 무엇이라고 생각하세요?"

"제가 돈을 모아야 하는 이유가 있다면 무엇일까요?"

"제가 등산 동호회에 나가야 한다면 그 이유가 무엇이라고 생각하세요?"

모두 기대하는 결과물에 관한 질문입니다. 질문을 받는 타인이 당신이 할 일과 직접적인 연관이 있는 사람이라면, 아마도 더 깊은 통찰력을 줄 수 있을 것입니다. 당신이 할 일과 연관이 없는 사람이라면, 새로운 관점에서 문제를 바라볼 수 있는 시야를 줄 것입니다.

상대에게서 자신이 생각했던 것과 같은 대답이 돌아온다면, 당신은 제대로 길을 찾아가고 있는 것입니다. 생각했던 것과 다른 대답이 나온다면, 기대하는 결과물을 찾을 새 기회가 생겼으니 오히려 축하할 일입니다. 망설이지 말고 지금 당장 옆에 있는 사람과 당신이 기대하는 결과물에 관한 생각을 나눠보세요.

기대하는 결과물을 찾기 위한 질문 3단계. 아무리 어려운 일이 닥쳐도 3Cs만 기억하면 당신이 기대하는 결과물을 떠올릴 수 있습니다.

1. Cut: 핵심을 찾는 자르기

Task를 의미 단위로 분절한 뒤 '왜'를 붙여 질문을 만드는 단계.

● 실행 팁

- '의미 단위'로 나눈 Task 앞에 '왜'를 붙여 질문을 만들어봅니다.
- 만든 질문 중에 'Task의 기대하는 결과물'을 관통하는 핵심 질문을 찾아 정확히 알고 있는 사람에게 확인합니다.
- Task에 '누가, 언제, 무엇을' 등의 정보가 생략되었다면, 질문을 활용해 빈칸을 채운 뒤 핵심 질문을 찾습니다.

2. Continue: 꼬리에 꼬리를 물고 질문하기

프레임 안에서 사고하는 인간의 습성을 극복하기 위해 다양한 방향에서 질문을 던지는 단계.

● 실행 팁

- 분해한 Task에 '왜'를 붙여 질문합니다.
- 질문의 횟수보다 진정한 이유를 찾아내는 데 집중합니다.

-Task를 중앙에 두고 4W(누가, 언제, 어디서, 무엇을)로 나누면, 다양한 방향에서 질문할 수 있습니다.

3. Confirm: 상대에게 확인하기

질문과 고민 끝에 찾아낸 기대하는 결과물을 확인하는 단계.

• 실행 팁

- 나에게 미션을 준 사람이 있고, 그에게 질문이 가능하다면, 그 사람에게 내가 생각한 기대하는 결과물이 맞는지 직접 확인합니다.
- 스스로에게서 시작되었거나 기대하는 결과물에 관해 직접 물어볼 수 없는 경우에는, 제3자의 시선을 더해 놓친 부분을 채우면서 성공 확률을 높이면 됩니다.

3장

속도를 높이는
생각 펼침의 기술

기대하는 결과물을 찾는 질문은 Cut-Continue-Confirm 3단계를 거치면 됩니다. 그런데 이 3단계를 더 빨리할 수 있는 활용법들이 있습니다. 이 활용법들을 사용하면 기대하는 결과물을 빨리 떠올릴 수 있을 뿐 아니라, 그것을 잘 정리하여 원하는 결과를 얻을 수 있습니다.

이번 장에서는 그중 가장 효과적인 세 가지 방법을 소개하고자 합니다. 오랜 시간 연구하고 검증한 방법들입니다. '질문에 not을 붙여 생각하는 법' 'If를 활용하여 새로운 가설을 만드는 법' '기대하는 결과물을 명료하게 정리하는 법'이 그것입니다.

1
Why not,
반대의 경우를 생각하라

긍정적으로 부정하는 법

"Why not?"

'왜 안 돼?'라는 뜻으로 풀이할 수 있는 영어 표현입니다. 이유를 더 빨리 찾고 싶다면, 간단히 이렇게 not을 붙여보면 됩니다. 반대의 경우를 생각해봄으로써 생각의 방향을 거꾸로 하여 이유를 더 빨리 떠올릴 수 있는 이치입니다.

한 회사의 마케팅 회의를 통해 이 과정을 좀 더 구체적으로 살펴보겠습니다.

이 회사의 마케팅팀이 신제품 출시를 앞두고 회의를 하고 있습니다. 팀장과 팀원들이 몇 시간째 열띤 토론을 이어가는 중입니다. 그러던 중 팀장이 "포털사이트 배너 광고를 한번 합시다."라고 제안을 했습니다. 팀원들은 즉각 포털사이트 배너 광고의 기대하는 결과물을 찾기 위한 1단계로 들어갔습니다. '왜 포털사이트일까?' '왜 배너 광고일까?'로 분절하여 각각의 이유를 생각했습니다. 각 질문에 대한 팀원들의 답은 이렇습니다.

왜 포털사이트일까?
→ 신제품의 타깃층인 중장년 고객이 많은 곳이라서

왜 배너 광고일까?
→ 신제품을 단시간에 널리 알릴 수 있어서

팀원들의 이야기를 듣고 있던 팀장은 '왜'에 관한 대답을 더 빠르고 정확하게 찾고자 이번에는 not을 붙여서 팀원들에게 다시 질문합니다.
"왜 포털사이트는 안 될까?"
"왜 배너 광고를 하면 안 될까?"
평소 기대하는 결과물을 찾는 질문에 익숙한 팀원들은 망설임 없이 대답을 꺼내놓습니다.

왜 포털사이트는 안 될까?
→ 페이지가 복잡해서 눈에 잘 안 띄니까

왜 배너 광고는 안 될까?

→ 당장 눈에 띄는 효과를 보기 힘드니까

이들은 '왜 포털사이트일까?'와 '왜 포털사이트는 안 될까?'를 비교하며 질문을 거듭한 결과, 포털사이트를 통해 기대하는 결과물이 '단기간에 매출을 올리는 것'이라는 사실을 확인하게 됩니다. 마찬가지로 '왜 배너 광고일까?' 역시 '왜 배너 광고는 안 될까?'와 비교하며 계속 질문해볼 수 있습니다.

기대하는 결과물이 '단기간에 매출을 올리는 것'이라는 점이 확실해졌으니, '포털사이트'와 '배너 광고'라는 각각의 이슈에 관한 판단도 내릴 수 있습니다. 포털사이트의 경우, 웹페이지에 자극적인 콘텐츠가 많아 눈에 잘 안 띄는 단점이 있지만, 신제품 타깃에 정확히 맞출 수 있다는 장점을 크게 생각하여 우선은 포털사이트는 선택하기로 합니다. 배너 광고의 경우에는, '당장 눈에 띄는 효과를 보기 힘들다면 아무리 널리 알려진다 해도 효용이 없다'는 결론이 나왔습니다. 결국, 배너 광고는 집행하지 않기로 합니다.

이렇게 not을 붙여 반대의 경우를 생각하면, Why를 계속 질문하고 여러 각도로 검증하는 시간을 줄일 수 있습니다. 반대의 경우와 비교하면 Why가 뚜렷한지 그렇지 않은지 더 빨리 알 수 있기 때문입니다. 부정의 not이지만 이를 통해 얻을 수 있는 효과는 상당히 긍정적인 셈입니다.

부정의 not으로 '역대 드라마 평균 시청률 3위'라는 기록적인 긍정적 결과를 본 사례가 있습니다. '사극 명장'이라 불리는 드라마 연출가 이병훈 PD, 그는 사극의 한 획을 그은 드라마「허준」을 만든 주인공입니다.

이병훈 PD가「허준」을 기획한 사례는 작은 생각의 전환이 어떠한 결과를 가져오는지를 잘 보여줍니다. 이병훈 PD가「조선왕조 500년」「암행어사」등 사극 전문 PD로 한창 잘 나가던 때였습니다. 새로운 사극을 기획하는 중이었는데, 당시 대학교 1학년이던 딸이 이런 이야기를 했다고 합니다.

"사극은 옛날 느낌만 나서 별로 재미가 없어."

직설화법이었지만 새겨들을 만한 이야기였습니다. 사극은 극적인 요소가 적고 이야기 속에 담을 내용이 많다 보니 전개가 느립니다. 게다가 대사마저 느릿느릿하니 젊은이들이 구닥다리 드라마라고 느낄 만했습니다. 이병훈 PD는 'Why not'을 생각했습니다.

'왜 젊은 시청자들은 사극을 안 볼까?'

문어체의 느린 말투, 밋밋한 의상과 화면 구성, 지루한 국악 등 젊은 시청자들이 사극을 외면하는 이유가 수도 없이 많았습니다. 그렇게 Why not을 생각하다 보니, 이를 거꾸로 생각하면 '젊은 시청자들이 사극을 보는 Why'가 되겠다는 결론에 도달했습니다. Why not을 반대로 실천하면 젊은 시청자들이 사극을 볼 것이라는 생각의 전환을 한 것입니다.

"40여 가지 색을 사용해 의상을 제작했습니다. 사극으로는 처음이었죠. 대사도 스토리도 빠르게 진행했습니다. 통쾌한 장면을 꼭 넣었고요. 그리고 사극에는 늘 국악만 사용했었는데 음악도 뉴에이지로 바꿨습니다. 칙칙하지 않도록 화사하게 바꾼 거죠."

한 인터뷰에서 「허준」의 기획 스토리에 관해 이병훈 PD가 한 말입니다.

역대 드라마 평균 시청률 순위에서 「허준」은 무려 48.9%로 3위에 올라 있습니다. '한국의 사극은 「허준」 이전과 이후로 나뉜다'라고 할 정도로 이 드라마는 사극에 있어 한 획을 그은 작품이라는 평가를 받고 있습니다. 젊은 시청자들이 외면하던 사극 드라마는 이후 감각적인 화면과 의상, 음악, 대사, 분위기까지 이전과 전혀 다른 모습으로 바뀌었습니다. Why not으로 긍정적으로 부정하는 법, 이보다 더 효과적일 수 없지 않습니까?

잘 되게 만드는 not의 역할

그런데 한 가지 꼭 기억해야 할 사실이 있습니다. not을 잘못 받아들이면 Why를 찾기는커녕 부정의 덫으로 빠져들기 쉽다는 사실입니다. not을 붙여 꼬리에 꼬리를 물고 질문을 이어가다 보면, '역시 이건 안 돼.'라는 생각이 쉽게 떠오르기 때문입니다.

영어 표현 'Why not?'은 사실 긍정의 표현법입니다. '안 될 게 뭐 있어?', 즉 '당연히 되지!'라는 뜻입니다. 이렇듯 Why not은 어디까지나 Why를 더 빨리 찾기 위한 긍정적인 방법 중 하나입니다. 그런데 not의 생각으로 잘못 빠져들면, '안 되는 이유'를 찾기에 급급해집니다.

not의 긍정적 역할을 이해하는 데 있어 헤겔Hegel의 변증법이 좋은 예가 될 것 같습니다. 학창시절 한 번쯤 들어봤을 법한 헤겔의 변증법은 간단하게 '정-반-합'의 논리로 설명할 수 있습니다. 어떤 명제가 있다면(정), 그 명제를 부정하고(반), 다시 그 둘을 합하여 새로운 명제를 탄생시키는 것(합)이 바로 헤겔의 변증법입니다. '정'을 반대하는 '반'이 존재하지 않으면 '합'은 만들어지지 않습니다. not 도 마찬가지입니다. not 역시 Why를 더 빨리 찾기 위해 존재하는 중간 단계라는 사실을 잊지 않아야 하겠습니다.

무슨 일이든 잘 되게 하는 것, 원하는 결과를 내는 것이 Why를 찾는 목적임을 기억한다면, not의 덫에 걸리는 위험을 줄일 수 있습니다.

여기 not의 함정에 빠지지 않고 침착하게 Why 를 생각하여 원하는 결과를 거머쥔 일본의 기업가가 있습니다. 바로 파나소닉_{Panasonic}의 창립자이자 경영의 신으로 불리는 마쓰시타 고노스케_{松下幸之助} 입니다. 마쓰시타 고노스케는 '잘 되게 만드는 not의 역할'을 누구보다 잘 알았던 인물입니다.

1960년대, 그의 회사는 도요타에 카오디오를 납품하고 있었습니다. 그러던 어느 날 도요타에서 납품가를 6개월을 두고 최종적으로 무려 20%나 낮춰 달라고 요청했습니다.

여러분이 마쓰시타 고노스케라면 어떻게 할지 한번 생각해보십시오. 무리한 요구에 강경하게 대응할 수도 있고, 울며 겨자 먹기로 받아들일 수도 있습니다. 어느 쪽이든 관계적 손실이나 금전적 손실이 발생하기 때문에 여간 고민되는 일이 아닐 수 없습니다.

마쓰시타 고노스케는 경영의 신답게 차분히 납품가 인하의 Why 를 생각했습니다.

'왜 도요타가 이런 요청을 하는가?'

수소문 끝에 알아낸 도요타의 사정은 이러했습니다. 일본 시장이 개방되면서 미국 자동차 기업들과 가격 경쟁을 하게 된 도요타는 제작 단가를 낮추기 위해 골머리를 앓고 있었습니다. 그중 카오디오는 차에서 빼놓을 수 없는 필수 구성요소이기에 단가를 낮춰달라고 요청해온 것입니다.

마쓰시타 고노스케는 다시 Why를 생각했습니다.

'왜 우리는 납품 단가를 낮춰야 하는가?'

당시는 일본 자동차가 가격 경쟁에서 밀려 위축될 경우, 일본의 산업 전체가 위험할 수 있는 상황이었습니다. 기업의 사회적 책임과 사명감, 오랜 기간 함께 해온 도요타에 대한 신뢰가 강하게 그의 마음을 두드렸습니다. 납품 단가를 낮춰야 하는 이유는 명료했습니다. 그러나 그는 멈추지 않고 반대의 경우인 Why not도 떠올렸습니다.

'왜 우리는 납품 단가를 낮추면 안 되는가?'

마쓰시타 고노스케는 이 질문을 던짐으로써 새로운 사실을 알게 되었습니다. 이익률이 납품 단가의 3%에 불과하여 이익률 자체에 문제가 생긴다는 점이었습니다. 이런 상황에서 납품 단가를 낮출 경우, 손실이 너무 컸습니다. 이익이 줄어드는 정도가 아니라 회사에 치명적인 영향을 미치게 될 것이었습니다. 회사의 직원들과 그 가족들의 생계로 이어지는 일이라고 생각하니 이 또한 양보하기 어려웠습니다.

마쓰시타 고노스케 회장은 어떤 결정을 내렸을까요?

그는 도요타에 카오디오를 저렴하게 납품하는 일의 기대하는 결과물을 정립합니다.

'경영 철학을 지키고 동시에 이익도 낸다.'

그로부터 1년 후, 그는 거짓말처럼 납품 가격을 인하했고, 이익률 역시 10% 수준으로 끌어올렸습니다. 1년여 동안 카오디오 기술 개발에 몰두한 결과, 기계를 다시 설계하여 제작 단가를 낮출 수 있게 된 것입니다. 카오디오 제작 단가가 낮아지자 납품 가격을 인하해도 이익률이 오히려 높아졌습니다. 양립하기 힘들 것 같은 두 가지를 모두 지켜낸 것입니다.

보통의 CEO였다면, Why not에서 멈췄을 가능성이 큽니다. 사명감과 신뢰도 중요하지만, 회사를 경영하는 데 손해가 뻔한 일을 택하기는 매우 어렵기 때문입니다. 중요한 것은 무엇을 선택하느냐가 아닙니다. 두 가지 모두 선택할 수 있다고 생각하는 CEO의 확신입니다. 마쓰시타 고노스케는 자신의 큰 그릇으로 Why와 not을 동시에 생각하여 남들이 놓친 부분까지 자신의 것으로 만들었습니다.

위기 극복의 열쇠

Why not은 일을 긍정적으로 이끄는 역할도 하지만, 냉철하게 '왜 안 되는지'를 밝히는 데도 유용합니다. 무슨 일이든 중간에 생각대로 되지 않는 경우도 생기는 법입니다. 이때는 그 이유에 대해 다각도로 not을 붙여 질문을 던지면 됩니다. 그리고 그렇게 얻은 답들을 모아보면, 새로운 Why를 빠르게 떠올릴 수 있습니다.

스트리밍 서비스의 대명사인 넷플릭스의 리드 헤이스팅스Reed Hastings는 이를 실천해 비약적인 성공을 거둔 대표적 사례입니다.

1997년에 DVD를 우편으로 대여해 주는 서비스로 시작한 넷플릭스는 2000년대 초반 심각한 재정 위기에 봉착했습니다. DVD 대여 서비스의 운영 비용이 증가했고, 시장은 기존 기업인 '블록버스터'가 지배하는 상황이었습니다. 경영 악화 끝에, 넷플릭스는 '블록버스터'에 회사를 5천만 달러에 매각하려고 시도했습니다. 그러나 '블록버스터'는 넷플릭스를 하찮은 기업으로 평가하며 인수를 거절했습니다.

리드 헤이스팅스는 당시 넷플릭스 사업모델의 문제들을 Why not에 입각해 분석했습니다.

"왜 넷플릭스는 DVD 대여 사업에서 수익이 나지 않는가?"

"왜 영화 DVD 대여 시장은 성장하지 않는가?"

"왜 사람들은 오프라인 DVD 매장보다 온라인 영화감상을 선호하는가?"

고민 끝에 각각의 질문에 관한 대답을 도출했습니다.

"거대 체인인 블록버스터에 비해 운영 비용이 많이 들고, 체인망이 부족하다."

"흥행작 위주로 움직이는 영화시장 특성상 DVD 대여 횟수와 대여량을 늘리기 어렵다."

"인터넷 속도가 빨라지면서 DVD를 빌리러 가기보다 집에서 온라인으로 즐기기를 선호한다."

이를 바탕으로 넷플릭스는 2007년부터 본격적으로 스트리밍 서비스를 도입했습니다. 서비스 시작 당시에는 인터넷 속도가 지금처럼 빠르지 않아서 다소 고전하기도 했지만, 정보기술의 발달을 확신하고 사업을 뚝심 있게 밀어붙였습니다.

여기에 소비자 취향에 맞는 추천 시스템을 개발해 적용하고,「하우스 오브 카드」같은 자체 시리즈 상품을 개발해 크게 히트하면서 시장지배력을 강화해나갔습니다. 결국, 기존 DVD 시장을 고집하던 '블록버스터'는 넷플릭스와의 경쟁에 뒤처져 파산을 선언했고, 이후 넷플릭스는 글로벌 시장 개척에 성공하며 세계적인 장악력을 가진 스트리밍 서비스 대표 기업으로 우뚝 섰습니다.

작은 일이건 큰 사업이건 실수나 실패가 얼마든지 있을 수 있습니다. 중요한 것은 그로부터 Why not을 생각하여 다음에는 같은 실수를 반복하지 않아야 합니다.

기업의 예를 들었지만, Why에 not을 붙여보는 생각의 습관은 모든 사람에게 필요한 과정입니다. 그동안 잘되지 않던 일에 Why not 을 생각하는 단계를 만들어보는 것은 어떨까요. 분명 새로운 Why 를 더 정확하고 더 빨리 찾아낼 수 있을 것입니다. 그리고 그 결과, 하고자 하는 일에 있어 만족스러운 성과를 얻을 수 있을 것입니다.

2
If 가설을 세워라

맥킨지식 사고법

경영학과 대학생이라면 한 번쯤 해외 MBA를 졸업하고 유명 전략 컨설팅 회사에서 높은 연봉을 받으며 일하는 모습을 떠올려본 적이 있을 것입니다. 세계 최고의 전략컨설팅 기업인 맥킨지 앤 컴퍼니 McKinsey & Company는 문제 해결과 전략 도출을 위해 사용하는 '맥킨지식 사고법'으로 유명합니다.

기대하는 결과물을 빨리 찾는 두 번째 방법은 맥킨지식 사고법과 깊은 연관이 있습니다. 바로 가설을 활용하는 것입니다. '만약 …라면?'이라는 가설을 통해 다른 가능성을 생각해보는 사고법으로, 이를 If 가설이라고 합니다. If 가설을 활용하면 새로운 가능성을 폭넓게 생각할 수 있으므로 자연적으로 기대하는 결과물을 찾는 시간이

126____

기대하는 결과물이 무엇인가?

빨라집니다.

If 가설을 이해하기 위해서는 먼저 맥킨지식 사고의 기본 축인 '제로베이스 사고'와 '가설 사고'를 이해해야 합니다. '제로베이스 사고'는 말 그대로 지금까지의 고정관념을 모두 없애고 철저하게 사실에만 근거하여 생각하는 방법입니다. 쉽게 말해 어떠한 자기 검열이나 판단을 하지 않는 상태로 생각하는 것을 뜻합니다. '가설 사고' 역시 단어 의미 그대로, 문제가 있을 때 그에 대한 결론을 먼저 내보는 것을 의미합니다.

앞에서 이야기한 신제품 마케팅 회의를 다시 떠올려봅시다. 마케팅팀은 '포털사이트 배너 광고'의 기대하는 결과물을 찾기 위해 Why 질문과 Why not 질문을 비교해나갔습니다.

Why 포털사이트?
Why not 포털사이트?

Why 배너 광고?
Why not 배너 광고?

이렇게 not을 활용하는 것 외에도 If를 활용하여 가설을 세워볼 수 있습니다. If 뒤에 올 가설을 생각할 때는 어떠한 제약도 없는, 즉 제로베이스 사고가 뒷받침되어야 합니다. 가능성 여부는 나중에 검증을 거치게 되어 있으므로, 지금은 우선 포털사이트 배너 광고 외에 다른 가능성을 모두 살펴보는 데 집중해야 합니다.

다시 시간을 되돌려 첫 마케팅 회의로 돌아가 봅시다. 이번에 마케팅팀은 '포털사이트 배너 광고를 한번 합시다.'라는 팀장의 말에 If 가설을 생각하여 토론해보기로 했습니다. '포털사이트'와 '배너 광고' 각 이슈를 두고 다른 가능성은 없는지 펼쳐놓고 생각하기로 한 것입니다.

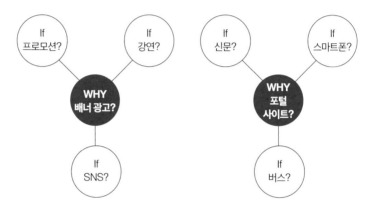

팀원들의 다양한 의견이 쏟아졌습니다. 그 의견에 따라 '프로모션이라면?' 'SNS라면?' '강연이라면?'이라는 가설을 세워보고 또다시 Why 질문을 던져봅니다.

If 프로모션?

→ 신제품 출시 초기에 소비자를 빠르게 흡수할 수 있다.

Why?

→ 신제품으로 매출을 빨리 올리기 위해

If SNS?

→ 얼리어답터들이 많아 신제품을 단시간에 확산시킬 수 있다.

Why?

→ 얼리어답터들로 인해 신제품의 매출을 빨리 올릴 수 있어서

다양한 가능성을 펼쳐놓고 파고드니, 배너 광고의 진정한 이유가 '단기간에 매출을 올리는 것'이라는 사실을 알게 됐습니다. '포털사이트'에 대해서도 마찬가지로 If 가설을 세워 새로운 가능성을 끄집어내 볼 수 있습니다.

가설이 가진 힘은 생각보다 막강합니다. 가설을 습관화하면 큰 틀에서 일을 바라볼 수 있는 역량, 사실적 자료를 근거로 미래를 예측하는 역량을 기를 수 있습니다. 또한 제한되지 않는 상상력과 생각의 확장을 통해 나도 모르게 갇혀 있던 사고의 한계를 벗어나게 해줍니다.

이렇듯 사실을 기초로 가설을 세우고 이를 검증하는 단계는 문제해결의 핵심이 되는 중요한 사고 프레임입니다. 맥킨지는 어떤 문제점이 생기면, 로직트리Logic Tree 라는 분석 툴을 이용해 분석하고 지속적으로 '왜'를 질문함으로써 근본적인 문제점을 찾아냅니다. 그리고

문제점에 대한 해결책을 만들 때 가설을 세워놓고 이를 검증하며 완성해갑니다.

세계 유수 기업들이 문제가 생겼을 때 이 같은 솔루션을 제시하여 거액의 이익을 거두게 해주는 것이 바로 이 맥킨지식 사고법입니다. 독자들도 맥킨지의 우수한 사고법을 빌려 If 가설을 생활화해보면 많은 도움을 받을 수 있습니다. 기대하는 결과물을 찾는 속도가 급격하게 빨라지는 것을 느낄 수 있을 것입니다.

불가능은 없다

앞에서도 강조했지만, If 가설을 활용할 때는 모든 고정관념을 배제하고 모든 가능성을 열어두는 것이 핵심입니다. 즉, '제로베이스 사고'를 반드시 지켜야 한다는 뜻입니다.

다시 신제품 마케팅 회의로 돌아가 봅시다. 팀장은 팀원들의 다양한 If 가설을 듣고자, 아이디어 회의를 한 번 더 하기로 했습니다. 그랬더니 기발한 상상력을 발휘한 새로운 생각들이 쏟아졌습니다. 어떠한 제약도 두지 않았으니 터무니없는 의견 또한 존재하지 않습니다. '포털사이트'와 '배너 광고' 이슈를 다시 살펴봅시다.

Why 포털사이트?

If 사람?

기대하는 결과물이 무엇인가?

If 선물?

If 스마트TV?

If 스마트폰?

…

Why 배너 광고?

If 영화?

If 웹툰?

If 축제?

…

'사람이 매체가 되어 신제품을 알릴 수 있다면?' '스토리가 있는 단편 영화를 만들어본다면?' 등 이전보다 훨씬 상상력 가득한 아이디어들이 나왔습니다. 한참 동안 브레인스토밍을 한 뒤, 이를 지켜보던 팀장이 회의를 마무리하기 위해 의견을 모았습니다. 그리고 포털사이트 배너 광고의 기대하는 결과물인 '단기간에 매출을 올리는 것'에 어울리는 매체가 스마트폰이라는 결론을 내렸습니다. 동시에 배너 광고 대신 웹툰이라는 새로운 가능성에 대해서도 긍정적으로 생각하게 되었습니다.

　새로운 가능성은 곧 새로운 성과로 이어집니다. 익숙함이 주는 안락함에서 벗어나지 않으면, 성과 또한 예측 가능한 범위 내에서 이뤄질 뿐입니다. 가설은 이러한 익숙함에서 벗어나게 해주는 강력한 힘을 지니고 있습니다.

저는 특히 팀장부터 CEO까지, 리더들에게 If 가설을 더 많이 활용하라고 권합니다. 리더가 먼저 모범을 보여 새로운 가능성에 대한 가설을 거침없이 쏟아내야, 구성원들 또한 구속받지 않고 새로운 아이디어를 쏟아낼 수 있습니다. 그래야만 공동의 기대하는 결과물을 더욱 확실히 다질 수 있습니다.

역지사지의 마음

'상대의 입장에서 생각하라.'

인간관계에 있어 중요하게 손꼽히는 덕목입니다. 평범한 말이지만 그 속에 품은 힘이 크기에 저 역시 마음속에 항상 되새기곤 합니다. 이 말은 기대하는 결과물을 찾을 때도 큰 힘을 발휘합니다. 특히, 사회생활을 하며 사람들과 일하는 경우, 기대하는 결과물을 찾고 동시에 이를 공유할 때 큰 도움이 됩니다. '제로 베이스 사고'에 이어 If 가설을 활용하는 두 번째 방법은 바로 상대의 입장에서 생각하는 '역할 전환'입니다.

지금 당장 사무실 내에서 역할 전환을 해보기를 권합니다. 'If 팀장이라면?' 'If 직원이라면?' 'If 거래처 담당자라면?' 등 다양한 입장에서 생각해보세요. 공동의 기대하는 결과물을 찾을 수 있을 뿐 아니라, 모두가 같은 생각을 공유하는지도 어렵지 않게 알 수 있습니다. 일하는 사이가 아니라도 좋습니다. 친구나 가족, 배우자와의 관계에서도 폭넓게 If로 역할 전환을 해보기 바랍니다. 공동의 기대하는 결과물을 빠르고 정확하게 파악하게 될 것입니다.

If를 통한 역할 전환의 장점은 여기서 끝나지 않습니다. 언제 닥칠지 모르는 위기도 미리 예방할 수 있게 해줍니다. 기대하는 결과물을 잘못 찾았을 때, 이를 고칠 수 있게 돕는다는 의미입니다. 인텔Intel의 창업자인 앤디 그로브Andy Grove가 절체절명의 위기 앞에서 동업자에게 던진 질문은 역할 전환을 통해 기대하는 결과물을 재정립하는 훌륭한 예시가 될 수 있습니다.

"만약 주주들이 우리를 쫓아낸다면, 그건 왜일까?"

1984년, 수주량이 급격하게 감소하여 메모리 반도체 사업 위기를 맞게 되자 앤디 그로브가 공동 창업자인 고든 무어Gordon Moore에게 한 질문입니다.

"우리가 그동안 해온 일이 마음에 안 들어서겠지."

고든 무어가 대답했습니다. 이어 두 사람의 대화가 이어졌습니다.

"만약 새 CEO가 온다면 그는 이 위기를 어떻게 극복할까?"

"회사의 역사 따위는 고려하지 않고, 모든 걸 싹 바꿔놓겠지."

"그럼 그 CEO는 가장 먼저 무엇을 할까?"

"메모리 사업에서 손을 떼겠지."

이 말을 들은 앤디 그로브는 깊은 고민 끝에 결정적인 마지막 질문을 던졌습니다.

"그럼 우리는 왜 그렇게 하지 않았을까? 우리가 새로운 경영자라고 생각하고 이 방을 나갔다가 다시 들어와서 그렇게 하면 되지 않을까?"

결국 인텔은 메모리가 아닌 시스템 반도체로 사업을 전환하여 세계 시장을 장악합니다.

앤디 그로브의 질문에서 무엇이 눈에 띄나요? 자신에게 솔직한 것? 그뿐이 아닙니다. 앤디 그로브는 역할 전환을 통해 기대하는 결과물을 질문했습니다. If를 통해 새로운 경영진의 입장에서 '왜 메모리 반도체 사업인가?'를 진지하게 질문했던 것입니다.

그 결과, 새로운 시선으로 현재 상황을 객관적으로 바라볼 수 있었으며, 이로 인해 새로운 활로를 개척할 수 있었습니다. IT 업계 역사상 경영자의 '가장 위대한 한 수'라 일컬어지는 이 결정은 이렇게 역할 전환으로 기대하는 결과물을 새롭게 찾아낸 것이 그 기초를 이루었습니다.

역할을 전환해보는 것은 단순하지만 강한 힘을 갖고 있습니다. If라는 단어는 원만한 인간관계를 만들어줄 뿐만 아니라, 잘 활용하면 위기를 기회로 바꾸는 반전의 에너지까지도 만들어냅니다. 역할 전환만 잘해도 기대하는 결과물을 찾는 속도를 높일 수 있다는 점을 명심합시다.

지금까지 Why에서 확장된 두 번째 사고법을 소개했습니다. 앞서 소개한 'Why not'이나 'If 가설' 모두 원하는 대로 선택하여 활용할 수 있습니다. 두 방법 모두 활용할 수도 있고 하나만 선택해도 됩니다. 다만 무엇을 활용하든 기대하는 결과물과 연결지어야 한다는 사실만큼은 기억하도록 합시다.

다음은 마지막 방법인 '기대하는 결과물의 정리'입니다.

3
명료하게 정리하라

나를 긴장시키는가

기대하는 결과물을 찾기 위해 질문하는 단계를 더 빠르고 정확하게 만들어주는 마지막 방법은 바로 명료하게 정리하는 것입니다. 무엇보다 이는 기대하는 결과물의 검증 단계에서 유용하게 쓰입니다. 기대하는 결과물을 정확하게 정리해두어야, 꼬리에 꼬리를 무는 질문을 이어가기 수월해집니다. 또한 최종적으로 잘 정리된 기대하는 결과물이 있어야 타인에게 검증받기도 쉽습니다. 이뿐만이 아닙니다. 무슨 일을 하든 흔들림 없이 쭉 실행할 수 있고, 일하는 사람을 바짝 긴장하게 만드는 힘을 갖기도 합니다.

반면 기대하는 결과물이 모호하고 두루뭉술하면 사람들을 나른하고 게으르게 만듭니다. 모호하고 두루뭉술하다는 뜻, 나에게만 적용되는 것이 아니라 누구에게도 적용될 수 있어서, 너무 넓은 범위를 가진다는 의미입니다. 구체적으로 예를 한 가지 들어보겠습니다. 한 학생이 있는데, 공부를 통해 기대하는 결과물이 아래와 같이 일반적이라고 생각해봅시다.

훌륭한 사람이 되기 위해서
성공하는 삶을 살기 위해서

물론 이 말들도 의미가 나름 괜찮습니다. 그러나 누구나 말할 수 있고, 누구에게나 적용되는 것이어서 오히려 자신에게는 그 소구력이 약해질 수 있습니다. 세상 누구나 말할 수 있는 기대하는 결과물인 탓입니다. 이뿐만이 아닙니다. 모호한 답변으로는 꼬리에 꼬리를 물며 질문을 던지기가 점점 힘들어집니다.

왜 훌륭한 사람이 되어야 하는가?
왜 성공하는 삶을 살아야 하는가?

이 질문의 답을 상상해보세요. 대답 역시 누구에게나 해당하는 일반적인 내용일 가능성이 큽니다. 주어만 바꾸면 세상 모든 사람에게 적용할 수 있다는 뜻입니다. 이렇게 되면 기대하는 결과물을 찾기 위한 질문이 점점 불투명해집니다. 정확한 답을 찾으려고 시작한 질문인데, 오히려 기대하는 결과물을 잃어버릴 확률이 높아지는 아이러니한 결과를 낳게 되는 것입니다.

이왕이면 나에게 정확히 초점을 맞추어 정리해보면 어떨까요? 머릿속에 훨씬 구체적인 그림이 그려지면서 스스로 동기부여가 되지 않을까요? 그 학생이 자신이 공부를 통해 기대하는 결과물을 아래와 같이 명료하게 적었다고 생각해봅시다.

경쟁률이 높고 치열한 수의학과에 입학하기 위해서

아까보다 훨씬 구체적이지 않은가요? 기대하는 결과물을 명확히 정리하면, 질문을 계속 이어가기도 좋습니다.

왜 수의학과인가?
→ 수의사가 되고 싶어서
왜 수의사인가?
→ 아픈 동물을 치료하는 사람이 되고 싶어서
왜 아픈 동물인가?
→ 아픈 생명을 보살피는 일에 행복을 느끼므로

이렇게 구체적으로 정리해두면, 아마도 공부가 지겹지만은 않을 것입니다. 기대하는 결과물은 당연히 구체적이고 정확할수록 효과가 더 좋아집니다. 그런 점에서 고3 담임선생님들은 얼마나 훌륭합니까? 기회가 된다면 고등학교, 특히 고3 교실의 급훈을 한번 들여다보기를 권합니다. 공부를 열심히 해야 하는 이유를 유머러스하게, 동시에 꼭 실천하고 싶게 만든 급훈들이 우리를 반길 것입니다.

30분 더 공부하면 30년이 편하다
오늘 흘린 침은 내일 흘릴 눈물
책을 보면 길이 보이고, 핸드폰을 보면 길이 막힌다

머릿속에 상상이 될 정도로 명확하지 않은가요? 게다가 유머까지 갖췄으니 어찌 공부를 열심히 하지 않을 수 있겠습니까? 몇십 명이나 되는 고3들을 단단히 묶어주는 재미있고 훌륭한 급훈이라 할 수 있습니다.

요즘은 학기 초에 아예 급훈 공모를 한다고 합니다. 그러고 보니 제가 학교에 다니던 시절에는 '고진감래' '형설지공' '주경야독' 등 딱딱한 급훈 일색이었던 것이 못내 아쉽기는 합니다. 일 못 하는 목수가 연장을 탓하는 법이지만, 연장이 좋을 때 일을 더 잘할 수 있는 것도 분명한 사실입니다.

기대하는 결과물이 명확할 때 얼마나 일의 결과가 좋아지는지는 위대한 디자이너 가브리엘 샤넬Gabrielle Chanel의 옷을 보면 쉽게 알 수 있습니다. 여성들이 평생 한 번은 입어보고 싶어 한다는 샤넬은 등

장할 당시부터 의류의 혁명이라고 할 만큼 파격적인 스타일을 내세 웠습니다.

가브리엘 샤넬은 남성복의 활동성을 적극적으로 활용해 여성복 바지를 만들었습니다. 남성용 속옷을 만들던 신축성 좋은 옷감인 저 지Jersey를 사용해 여성용 슈트를 만들었고, 가방에는 어깨에 멜 수 있는 긴 끈을 달아 두 손을 자유롭게 하기도 했습니다.

이 모든 건 그녀가 여성복을 만드는 이유가 아래와 같이 명료하 고 확고했기에 가능했습니다.

'여성의 몸을 자유롭게 하는 편안한 옷을 만든다.'

심플하고도 간명한 문장으로 자신이 기대하는 결과물을 표현하 고 거기에 충실했던 덕분에, 그녀는 스웨터와 카디건, 트위드 소재 등 일명 '샤넬 스타일'이라고 할 만한 의상들을 연이어 세상에 내놓 을 수 있었습니다. 물론 여성을 편안하게 만들고자 했던 샤넬의 옷 은 상당히 고가여서 현대 여성들에게는 전혀 편안하지 않게 되었으 니 조금 아이러니하기는 합니다.

내가 하고자 하는 일, 혹은 하고 있는 일의 기대하는 결과물을 명 료하게 정리하여 머리에 새겨두는 일을 잊지 말아야 합니다. 지금 하던 일을 멈추고 그 일의 기대하는 결과물을 적어보세요. 처음에는 장황하고 길어도 괜찮습니다. 하나씩 생각을 정리해나가면 명확하 게 만들어질 겁니다.

만약 잘되지 않는다면 문장력을 탓하지 말고, 자신의 기억력과 사

기대하는 결과물이 무엇인가?

고력을 탓하세요. 일의 기대하는 결과물을 제대로 생각하지 않았거나 혹은 잊어버렸을 가능성이 큽니다. 잘 정리되시나요? 머릿속으로 정리하면서 다음 내용을 읽어 보시기 바랍니다.

정확하고 선명하게

기대하는 결과물은 정확하면 정확할수록 그 힘이 커집니다. 이는 모든 일의 결과물의 도면이라 할 수 있는 '조감도'를 그리는 데 결정적인 역할을 합니다. '조감도'와 관련해서는 5장에서 자세히 소개하겠습니다. 결론적으로, 기대하는 결과물을 정확히 하는 일은 그만큼 매우 중요합니다.

'엘리베이터 피치Elevator Pitch'라는 말하기 방법이 있습니다. 엘리베이터가 올라가는 짧은 시간 동안 상대에게 자신의 이야기를 설득력 있게 전달하는 방법으로, 주로 세일즈맨이나 정책 결정자들이 이용하는 화법입니다. 이 말하기 방법은 본인 자신을 설득하는 데도 효과가 큽니다.

한 기업의 신입사원 교육에서 이를 시도해본 적이 있습니다. 교육에 참여한 신입사원들에게 저를 '신사업 투자자'로 생각하고 설득해보라는 상황을 설정했습니다. 신사업은 차량용 내비게이션 서비스와 관련된 분야였습니다. 후발주자인 만큼 투자처를 구하기 쉽지 않은 상황이니, 반드시 엘리베이터가 오르내리는 짧은 시간 안에 저를 설득해야 한다고 압박감을 주입한 상태였습니다.

처음에는 쑥스러워하던 그들도 시간이 조금 지나자 수첩에 할 말을 적어두고 웅얼웅얼 연습하는 등 방법을 찾기 위해 온 신경을 집중하기 시작했습니다. 남을 설득해 뭔가를 얻어내 본 경험이 거의 없는 신입사원들이라 특별히 큰 기대를 하지는 않았지만, 그런 점을 고려하더라도 결과가 예상보다 좋지 않았습니다. '저희 사업 아이템은 ○○○입니다.'라고 압축해서 이야기해보라는 가이드까지 제시했지만, 참가자들은 급한 마음에 정확성이 떨어지는 표현을 많이 사용했습니다.

	엘리베이터 피치	개선해야 할 점
A	도착지에 이르는 가장 빠른 길을 알고 싶어 하는 소비자들 욕구에 정확히 부합하는….	가장 빠른 길을 알고 싶지 않은 소비자도 있을까? 소비자의 기초적인 욕구를 충족시키는 건 선발주자들이 이미 다 해놓았다고 봐야 한다. 후발주자인 만큼 소비자 욕구를 더 세심하게 파고들었으면 좋았을 것이다.
B	다른 업체들보다 훨씬 정확하고 빠른 정보가 차별점이며…….	어떤 면에서 더 정확한지, 얼마나 빠른지 이야기하지 않으면 듣는 입장에서는 다 비슷하게 들린다.
C	투자하시면 큰돈을 벌 수 있는 아이템으로서…….	투자자라면 누구나 큰돈을 벌고 싶어 한다. 투자 대비 수익률을 알려주면 더욱 정확한 표현이 된다.

준비 시간도 짧고, 말하는 시간은 더 짧았으니 정확한 표현을 기대하는 것이 무리였을지도 모릅니다. 하지만 반대로 생각하면, 준비 시간이 짧을수록 오히려 자신의 생각을 더욱 정확하게 표현해야 합

기대하는 결과물이 무엇인가?

니다. 급하다고 어영부영 초점 없는 얘기를 한다고 생각해보세요. 그 사람에 대한 신뢰도가 높아질 리 없습니다. 진정한 역량과 기지는 위기에서 빛을 발하는 법이니까요.

이런 모호한 표현들은 회사에서 작성하는 문서들 여기저기에서 발견할 수 있습니다. 이는 그 문서 작성의 기대하는 결과물을 제대로 파악하지 못했기 때문인 경우가 많습니다. 다음은 회사 문서에서 쉽게 볼 수 있는 표현입니다.

내년에는 좀 더 노력해야 할 것으로 생각된다.

한눈에 봐도 왜 노력해야 하는지 모르는 사람이 쓴 문장이라는 걸 알 수 있습니다. 노력을 통해 기대하는 결과물을 모르니 '좀 더 노력'이라는 표현밖에 떠오르지 않는 것입니다. 어떤 노력을 어떻게 해야 하는지 머릿속에 전혀 그림이 없는 상태임이 분명합니다.

대기업에서 보고서나 기획서 등 문서 작성에 대해 철저히 교육하는 것도 다 이런 불상사를 방지하기 위해서입니다. 문서를 작성하여 기대하는 결과물을 정확하게 파악하는 훈련인데, 적지 않은 신입사원들이 '왜 이런 것까지 정해놓고 가르칠까?' 의아해하는 경우가 있습니다. 앞으로 누군가가 자신이 작성한 문서를 다시 작성해서 오라고 요청하면, 혹시 내가 문서 작성의 기대하는 결과물을 잊지 않았는지 한 번 생각해보기 바랍니다.

정확하다고 해서 숫자만 줄줄 읊으라는 의미로 받아들이면 곤란합니다. 감정도 정확하게 표현할수록 좋습니다. 아니 감정이야말로 정확히 표현해야 하는데, 이는 다르게 말하면 감정을 정확히 파악해야 한다는 뜻입니다.

문제는 경제야, 바보야! It's the economy, stupid!

너무나 유명한 이 문구는 1992년 미국 대선 당시 후보였던 빌 클린턴Bill Clinton 진영의 구호입니다. 이 구호는 사람들 사이에서 큰 인기를 끌며 조지 부시George W. Bush의 재선을 막는 데 큰 영향을 끼쳤다는 평을 받았습니다.

이 한 줄의 멋진 구호는 클린턴 진영에서 '왜 미국 국민들은 불안해하는가?' '왜 미국 국민들은 불만에 차 있는가?' '왜 미국 국민들은 새로운 대통령을 원하는가?'를 주도면밀하게 고민했기에 탄생할 수 있었습니다. 클린턴 진영은 그 질문의 답을 경제에서 찾았고, 미국 국민들은 자신들이 불만에 차 있는 이유를 정확하게 이야기해준 클린턴의 손을 들어주었습니다.

또한 이 구호에는 상당히 똑똑한 전략이 담겨 있습니다. 아래의 구호를 살펴봅시다.

국민이 원하는 경제, 답을 안겨드리겠습니다!

기대하는 결과물이 무엇인가?

온 국민의 해답, 경제를 아는 사람은 클린턴뿐!

정확한 의미를 담긴 했지만, 단번에 청중을 끄는 매력은 부족합니다. 한마디로 임팩트가 부족합니다. 누구나 할 수 있는 구호로 생각되기 쉽습니다. 하지만 클린턴 진영의 구호는 어떤가요? 우선 가장 중요한 핵심 메시지를 일상적인 구어체로 표현함으로써 표현력을 높였습니다. 상대를 정면으로 비난하지만, 유머러스하게 표현함으로써 거부감을 없앴습니다. 구호를 통해 기대하는 결과물을 제대로 파악하지 못하면 완성할 수 없었을 표현입니다.

학생이라면 책상 위에 붙여놓은 '공부의 목적'을, 직장인이라면 수첩이나 책상 포스트잇에 써놓은 '일의 목적'을 다시 한번 들여다보기 바랍니다. 그리고 얼마나 자세하고 정확한지 생각해보세요. 눈을 감고 이를 선명하게 그릴 수 있는지가 기준입니다.

짧을수록 좋을까?

정확한 표현이 갖는 장점은 잘 이해되었을 것입니다. 그렇다면 이건 어떤지 한번 생각해봅시다.

'기대하는 결과물은 짧은 문장이어야 할까?'

생각을 명료하게 정리하는 것이 '한 문장으로 표현한다'라는 뜻을 주로 포함하는 것은 맞습니다. 하지만 그렇다고 한 문장이 반드시 짧아야 한다는 뜻은 아닙니다.

기대하는 결과물을 표현할 때도 꼭 짧은 문장일 필요는 없습니다. 다만 문장이 길어지면 자칫 의미 전달이 모호해질 우려가 있고, 일을 통해 진정으로 기대하는 결과물을 잊기 쉽습니다. 가끔 말을 길게 하다 보면 "잠깐, 내가 무슨 이야기를 하려고 했지?" 하는 경우가 있는데, 이 역시 이야기를 통해 기대하는 결과물을 도중에 잊은 탓입니다.

제목이나 카피 역시 짧고 쉬울수록 좋다는 불문율이 존재합니다. 하지만 때로는 이런 금기를 깬 제목이나 카피가 사람들의 눈을 사로잡기도 합니다.

서정적인 노랫말과 시원한 목소리로 유명한 가수 강산에의 노래 중에는 긴 제목으로도 인기를 얻은 곡이 있습니다. '거꾸로 강을 거슬러 오르는 저 힘찬 연어들처럼'이라는 제목의 노래인데, 한 번에 입에 붙지는 않아도 뜻이 강해서 사람들을 끌어들이는 매력이 있습니다. 짧지는 않지만 '포기하지 않고 씩씩하게 살아가자'라는 의미를 충분히 느낄 수 있는 제목입니다.

그런가 하면 「나는 네가 지난여름에 한 일을 알고 있다I Know What You Did Last Summer」라는 영화 제목도 있습니다. 물론 원작의 제목 그대로 한국어로 옮긴 것이긴 하지만, 긴 외화 제목을, 그것도 문장형 제목을 그대로 사용한 덕에 인기를 끌었던 경우는 이전까지 흔치 않았습니다. 짧아야 좋다는 고정관념을 과감히 깬 덕분에 오히려 주목을

기대하는 결과물이 무엇인가?

받았던 사례입니다.

　문장을 짧게 다듬는 것은 기대하는 결과물을 명료하게 만드는 방법의 하나일 뿐, 유일한 방법은 아니라는 점을 명심하기 바랍니다. 오히려 너무 짧게 쓰려고 애쓰다가 뜻이 모호하고 두루뭉술하게 되는 경우가 있습니다.

　회사에서 보고서를 받다 보면 이런 경우가 있습니다. 문장으로 쉽게 풀어서 써도 될 말을 너무 심하게 압축해서 계속 질문을 하게 만드는 경우입니다. 아마도 보고서를 쓸 때 문어체로 간결하게 써야 한다는 압박감이 있었던 것 같습니다. 아래 문장을 살펴봅시다. 컨설팅을 진행했던 한 제조업체의 직원이 협력업체와의 문제점을 조사하고 정리한 보고서의 일부입니다.

　제작에 있어 추가 비용 발생, 본사 지불 유예로 생산 연기, 추후 논의 필요.

　추가 비용이 발생한 주체가 정확히 본사인지 협력업체인지, 지불 유예 역시 본사가 판매처에서 돈을 못 받은 것인지, 본사가 협력업체에 돈을 안 준 것인지 정확하지 않습니다. 이런 문장으로는 상황 파악이 잘 안 됩니다. 해당 직원을 불러 앞뒤 정황을 파악하고 알기 쉽게 풀어쓸 것을 조언했더니 다음과 같이 고쳐 써왔습니다. 이렇게 살짝만 풀어써도 훨씬 편안하게 읽힙니다.

원가가 상승하여 우리 제품을 제작하는 협력업체의 제작비용이 예상보다 추가되었음. 게다가 본사가 판매처에서 돈을 못 받게 되면서 협력업체에도 돈을 못 줌. 이 때문에 협력업체에서 제작을 중단시켜 제품 생산이 연기되고 있음. 제작비용 협의와 현금 확보, 전체 일정에 대해 경영지원팀과 제작팀, 영업팀의 논의가 필요함.

짧은 것만이 능사가 아니라는 사실, 이제 잘 아시겠죠? 그러니 중간에 길을 잃지 않을 자신만 있다면, 기대하는 결과물을 길게 써도 괜찮습니다.

앞에서 소개한 이나모리 가즈오의 경우, 자신이 일하는 이유에 관해 무려 책 한 권을 할애하여 이야기하기도 했습니다. 『왜 일하는가』라는 제목의 책에는 그가 평생 열정을 쏟아부은 일의 본질과 사명감이 친절하면서도 냉철하게 나타나 있습니다. 200쪽이 넘는 책이지만 '왜 일하는가'에 대한 내용이 일관성 있게 이어지며 많은 사람의 공감을 끌어냈습니다.

재미있는 것은, 한 권의 책으로 일의 기대하는 결과물을 써 내려간 이나모리 가즈오가 현역에서 일하던 1970년대에는 '하와이 갑시다!'라는 짧디짧은 문장으로 일의 기대하는 결과물을 압축하기도 했다는 점입니다. 그는 월 매출 10억 엔을 달성하면 전 직원이 함께 하와이로 여행을 가겠다는 공약을 내걸었습니다. 당시 회사의 월 매출은 5~6억 엔이었습니다. 그러나 '하와이 갑시다!'라는 간명한 문

　　　　　　　　　　　　　기대하는 결과물이 무엇인가?

장 앞에, 직원들은 이듬해에 두 배 가까운 목표치를 거뜬히 달성해 냈습니다. 약속대로 전 직원 1,300명은 전세기를 타고 하와이로 여행을 떠났습니다.

책 한 권과 한 문장의 차이는 없습니다. 둘 다 그가 일을 통해 기대하는 결과물을 표현한 것뿐입니다. 포인트는 길이가 아니라 정리에 있습니다. 책 한 권이든 한 단어든 기대하는 결과물만 확실하면 된다는 사실, 잊지 말기 바랍니다.

나를 위한 슬로건

고심 끝에 기대하는 결과물을 완성하고, 그것을 내가 믿고 따를 수 있다면 그보다 더 효과적일 수는 없을 겁니다. '나를 위한 슬로건'이라고 하면 이해가 쉬울까요?

한 가지 작은 예를 들어 설명해 보겠습니다. 늦도록 학교 도서관에서 공부 중인 대학 4학년 학생이 있습니다. 대기업에 입사하고 싶은 생각이 굴뚝같지만, 몇 개나 되는 시험 준비로 고3을 방불케 하는 생활에 슬슬 지쳐갑니다. 이쯤 되면 이런 생각이 들지 않을 수 없습니다.

'왜 나는 이토록 힘들게 대기업에 가려고 할까?'

이때 중요한 역할을 하는 것이 바로 기대하는 결과물입니다. 대기업에 들어가려는 이유를 '남들 다 가니까'라고 쉽게 생각했다면 어떨까요? 저라면 별로 신나지 않을 것 같습니다. 이왕이면 내가 믿을 수 있고 진심을 다해 추구할 수 있는 그럴듯한 문장으로 바꿔보는 건 어떨까요?

'굴지의 대기업에서 일을 한번 제대로 배워보고 싶다!'

깔끔한 정장을 차려입고, 체계화된 시스템 안에서 하나하나 내 일을 성취해가는 모습을 떠올릴 수 있을 것입니다. 어차피 해야 할 할 일이라면 스스로 더 따를 수 있을 만한 슬로건을 만드는 것이 좋습니다.

직장인들도 마찬가지입니다. 초과근무로 지친 몸을 이끌고 '왜 이렇게 아등바등 일하는 걸까?'라는 허탈한 질문을 던져본 기억이 한번쯤 있을 것입니다. '먹고 살아야지.'라는 말보다는 좀 더 기운 나고 적극적인 문장을 만들어보면 어떨까요? 분명 매일의 출근길이 훨씬 가벼워질 것입니다.

기업에서 막대한 비용을 들여 슬로건이나 캐치프레이즈를 만드는 이유가 여기에 있습니다. 사회적 기업이 아닌 이상, 기업이 존재하는 이유는 냉정하게 말해서 이윤 추구가 거의 전부입니다. 하지만 '매출 10억 달성' '매출 100억 달성' '매출 1,000억 달성' 등 온통 숫자로 점철된 슬로건을 상상해보세요. 사실적이긴 하지만 직원들을 끌어당기는 매력은 부족합니다. 그보다는 애플Apple의 '다르게 생각하라(Think Different)'나 맥도날드Mcdonald의 '난 그걸 좋아해(I'm lovin' it)'가 더 매력적이지 않습니까?

지금까지 기대하는 결과물을 찾아가는 '생각의 속도를 높이는 기술'을 살펴보았습니다. 강력한 효과가 있겠다고 느끼는 독자라면, 이를 생활 속에서 습관으로 만들어볼 것을 권합니다. 매사 기대하는 결과물을 묻고 떠올리는 습관이 몸에 배면, 일과 생활에서 만족할 만한 결과를 내는 데 가까워질 수 있습니다. 좋은 습관을 만들기는 생각보다 어렵지 않습니다. 다음 장에서는 그 효과적인 방법을 알아보겠습니다.

생각의 속도를 높이는 기술을 활용해 결과를 창출하는 시간을 단축할 수 있습니다.

1. Why not, 반대의 경우를 생각하라

Why에 not을 붙여 반대의 경우를 생각해보는 것.

• 역할

- 반대의 경우를 생각하면 다른 각도로 Why를 생각하게 되므로 더 빨리 Why를 떠올릴 수 있습니다.
- 잘 안 된 일의 경우, 그렇게 된 진짜 이유를 찾아 제대로 된 Why를 다시 찾을 수 있습니다.

• 활용팁

- Task를 분절하여 Why를 물을 때, not을 붙여봅니다.
- 결과가 좋지 않은 일에 Why not, 즉 '왜 일이 잘 안 됐을까?'를 질문합니다.
- 단지 '안 되는 이유'를 밝히는 것에 빠지지 않도록 유의합니다.

2. If 가설을 세워라

If를 붙여서 다른 가능성을 모두 펼쳐놓는 것.

• 역할
- 기존의 것을 대체하는 다른 가능성을 생각해봄으로써 기존의 것을 확인하거나, 새로운 가능성 빠르게 찾을 수 있습니다.
- If를 활용한 역할 전환을 통해 타인의 시선으로 바라볼 수 있습니다.

• 활용 팁
- Task를 분절하여 기대하는 결과물을 물을 때, If를 붙여 다른 가능성을 모두 생각합니다.
- 함께 일하는 상대나 제3자의 입장에서 기대하는 결과물을 다양하게 떠올립니다.
- If를 활용할 때 자신의 선입견이나 판단을 배제하고 Task와 관련된 사실적 정황만을 생각합니다.

3. 명료하게 정리하라
기대하는 결과물을 이해하기 쉽고 명료하게 정리하는 것.

• 역할
- 기대하는 결과물을 찾아가는 질문 2단계(Continue)와 3단계(Confirm)가 수월해집니다.
- Task에 대한 긍정적인 동기부여를 강하게 할 수 있습니다.

- 기대하는 결과물을 거두기 위해 무엇을 실행해야 하는지 명확해집니다.

• **활용 팁**
- 자신의 상황에 맞추어 정확하고 자세하게 기대하는 결과물을 정리합니다.
- 무조건 짧게 정리해야 한다는 강박관념은 버립니다.
- 추상적인 단어보다 구체적이고 실질적인 단어를 사용합니다.
- 이왕이면 긍정적인 의미를 많이 부여합니다.

4장

기대하는 결과물을
구체화하는 습관

존스홉킨스 캐리 비즈니스 스쿨의 초대 학장인 야시 굽타Yash Gupta 는 과거 한 인터뷰에서 한국인의 강점으로 높은 교육열과 부드러운 저력을 꼽았습니다. 그러나 한 가지, 대다수 한국 학생들이 공부는 열심히 하는데 '왜'를 묻지 않는 것이 안타깝다고 이야기했습니다. '왜'를 질문하기 어려운 학창 시절을 거쳐온 한국인들은, '왜'를 질문하는 것도 생각하는 것도 익숙하지 않습니다.

익숙하지 않다면 지금이라도 익숙하게 만들어야 하지 않겠습니까? 다행히 지금은 대다수 한국인들이 '왜'에 대해 잘 질문하고 있는 것 같습니다. '왜'를 질문하는 것이 부족하다면, 기대하는 결과물을 찾는 습관을 통해 충분히 만들어갈 수 있습니다. 습관이란, 처음에는 힘이 들어도 한번 몸과 마음에 스며들면 의지를 가지고 멈출 때까지 자연스럽게 반복되기 마련입니다. 좋은 습관을 들이면 매일의 생활이 윤택해지고 결국 충실한 삶을 살 수 있습니다.

1
언제든 무엇이든
'기대하는 결과물'

아이처럼 묻기

기업의 CEO들을 만나 성과코칭을 하고, 기업 초청 강의를 하고, 또 저 스스로 깨달음을 위해 외부 강의를 들으며 매 순간 자기계발을 하고 있습니다. 그렇게 좋은 강의를 듣고, 다양한 분야의 책을 읽고, 여러 분야의 전문가들을 만나다가, 문득 순간순간 마주치는 사소한 것들에서도 배울 점을 끌어내는 것이 진정한 자기계발이라는 생각이 들었습니다.

특히 어린아이들과 대화하는 도중에는 가끔 위대한 현자의 지혜를 듣는 듯한 기분이 들 때가 많습니다. 주변에 도움을 주는 분들이 많지만, 가끔 그럼에도 답을 찾지 못할 때, 나는 놀이터에 나가 아이들의 대화를 귀담아듣고 이야기를 나눠봅니다.

그날도 어떤 문제를 생각하다 꽉 막힌 마음을 트고자 놀이터 벤치를 찾았습니다. 여자아이 둘이 사이좋게 소꿉놀이를 하고 있었습니다. 아이들 곁으로 다가가 살갑게 인사를 한 뒤 이런저런 말을 걸어보았습니다.

"둘이 친한 친구니?"

"네."

"너는 이 친구가 왜 좋니?"

"얘는요, 착해요. 그리고 먹을 것도 잘 나눠주고요, 남자애들이 괴롭힐 때 옆에서 같이 혼내줘요."

"그렇구나. 소꿉놀이 재밌니?"

"네."

"그네 타기도 재미있어 보이는데 왜 소꿉놀이를 하니?"

"그네는요, 너무 많이 타면 멀미 나요. 근데 소꿉놀이는 엄마도 되고 아빠도 되고 그래서 재미있어요."

"그렇구나. 아저씨가 몰랐네! 너는 이다음에 커서 뭐가 되고 싶니?"

"선생님이요!"

"왜 선생님이 되고 싶은데?"

"선생님은 똑똑하고요, 다 잘 가르쳐주고요, 말도 잘하고요, 멋있어요."

"아저씨."

"응?"

"근데 아저씨는 왜 놀이터에 왔어요?"

"……."

나는 아이의 질문에 바로 대답하지 못하고 우물쭈물했습니다. 어떤 질문에도 망설임 없이 대답하던 아이와 대조되는 모습에 부끄러움마저 느꼈습니다. 아이는 자신이 선택한 모든 일의 이유를 명확히 알고 있었습니다. 반면 어른들은 이유가 명확하지 않아도 행동할 수 있습니다. 이유는 잘 모르지만 가끔은 그저 시키니까 일을 하기도 합니다.

우리는 모두 어린아이였고 아직도 우리의 마음속에는 어린아이의 생각이 저 가슴 아래 묻혀 있습니다. 현실에 치여 잠시 잊은 것뿐입니다.

어른의 울타리에 갇혀 '왜'라는 질문에 답을 찾지 못할 때는 잠시 머리를 식힐 겸 놀이터에 한 번쯤 가볼 것을 권합니다. 꼭 놀이터가 아니어도 괜찮습니다. 아이들의 자유로움을 통해 생각을 활짝 열 수 있는 곳이라면 어디라도 좋습니다. 나만의 놀이터를 만들어둔다면, 생각이 막히거나 새로운 활로를 찾고 싶을 때 뜻밖의 도움을 받을 수 있습니다.

아이들은 '왜'에 대한 대답뿐 아니라 '왜'라는 질문에도 익숙합니다. 아이들은 어른들에게 서슴없이, 그리고 끊임없이 왜냐고 묻습니다. 그러나 정성껏 대답해주는 어른들은 많아도, 그 질문을 귀담아

기대하는 결과물이 무엇인가?

듣는 어른은 많지 않은 것 같습니다. 귀찮기도 하고 시간이 없어서 이기도 하겠지만, 가장 큰 이유는 아이의 질문에 큰 가치를 부여하지 않기 때문이라고 생각합니다.

때로는 단순한 생각에서 가장 위대한 진리가 태어나기도 합니다. 눈 앞에 펼쳐진 현상을 그대로 받아들이지 않고 늘 '왜?'를 질문하는 어린이들이야말로 이를 가장 잘 실천하고 있습니다. 쑥스러워하거나 귀찮아하지 말고 자녀와 조카, 이웃집 꼬마와 친구로 지내보기를 권합니다. 아이들과 가까이 지내다 보면, 아이들이 어른들은 미처 생각하지 못하는 것들에 얼마나 많이 '왜?'를 질문하는지 놀라게 될 것입니다. 그리고 그런 어린아이들과 함께 대화하다 보면, 자신도 모르는 새에 기대하는 결과물을 찾는 습관을 기를 수 있게 될 것입니다.

셜록 홈즈의 습관

요즘은 다양한 탐정물이 많지만, 제가 어렸을 때만 해도 탐정 하면 떠오르는 인물은 셜록 홈즈Sherlock Holmes였습니다. 미궁에 빠진 사건을 해결하는 탐정이라는 직업적 영향도 있겠지만, 셜록 홈즈는 생활 자체가 '왜?'로 가득 채워져 있다고 해도 과언이 아니었기 때문입니다. 시리즈의 1편인 '보헤미아 스캔들'에 이런 에피소드가 나옵니다.

한동안 연락이 뜸하던 친구 존 왓슨John Watson이 몇 달 만에 안부를 묻고자 불쑥 홈즈를 찾아왔습니다. 홈즈는 왓슨의 모습을 보고는 그 자리에서 몇 가지 추리를 합니다.

왓슨의 결혼 생활은 행복하다.
왓슨이 병원을 개업했다.
왓슨이 최근 비를 흠뻑 맞았다.
왓슨의 하녀는 게으르다.

놀랍게도 그의 추리는 모두 사실이었습니다. 어떻게 알았느냐고, 누구에게 들었느냐고 묻는 왓슨에게 홈즈는 별거 아니란 듯이 이야기합니다. 그저 왓슨의 겉모습을 보고 몇 가지 '왜'에 관한 질문을 던진 결과였습니다.

왜 왓슨의 혈색이 좋아지고 살이 쪘을까?
→ 결혼 생활이 행복해서 생활이 안정되었다.

왜 소독약 냄새가 나고, 안주머니에 청진기가 든 듯 불룩할까?
→ 진료를 보았다는 증거이므로 병원을 개업했을 것이다.

왜 구두의 색이 바랬으며, 왼쪽 구두에는 긁힌 자국들이 잔뜩 생겼을까?

→ 하녀가 진흙이 잔뜩 묻은 구두를 조심스레 털지 않고 긁어 떼어냈다. 그 후 젖은 구두를 난로 바로 옆에 두고 바싹 말려서 구두의 색이 바랬을 것이다. 그러므로 왓슨의 하녀는 게으르다.

시력도 비슷한데 어떻게 그렇게 잘 보는지 의아해하는 왓슨에게 홈즈는 결정적인 말을 던집니다.

"눈으로 보는 것과 관찰하는 것은 전혀 다른 얘기일세."

관찰한다는 것은 곧 '왜'를 생각하며 바라보는 것과 마찬가지 의미입니다. '왓슨의 구두에 흙이 묻어 있군.' 하고 보는 것과 '왜 왓슨의 구두에 흙이 묻어 있지?'라고 관찰하는 것은 큰 차이를 불러옵니다. 홈즈는 모든 현상에 의문을 품는 것이 습관화되어 있었기 때문에 눈에 보이는 현상의 원인을 알아내기가 어렵지 않았지만, 왓슨에게는 그저 신기한 기술로 보였을 것입니다.

당신은 어느 쪽인가요? 홈즈인가요, 왓슨인가요? 나는 여러분들이 가능하면 왓슨보다 홈즈가 되기를 바랍니다. 홈즈처럼 사소한 일에도 '왜'를 생각하는 습관을 지니면, 남들이 보지 못하는 것들이 눈에 보일 것입니다.

매사에 탐정처럼 꼬치꼬치 '왜'를 생각하라는 뜻은 아닙니다. '왜'가 습관이 되었을 때 어떤 차이가 생기는지 보여주고 싶었을 뿐입니다. 남들이 스쳐 지나가는 사실을 관찰하고 가끔 '왜'를 붙여봅시다. 자연스럽게 자신의 Task에도 '왜'를 묻게 될 것이며, 답을 찾는 과정도 어렵지 않을 것입니다.

작은 변화가 만드는 큰 결과

오래전에 '세로토닌'이라는 낯선 단어에 이끌려『세로토닌 하라』라는 책을 읽게 되었습니다. 저자가 국내 뇌 과학의 권위자인 이시형 박사이기에 내용이 궁금하기도 했습니다.

주요 내용은 우리 몸의 신경 전달 물질인 세로토닌을 활용함으로써 여러 감정뿐 아니라 스트레스까지도 마음대로 조절할 수 있다는 것이었습니다. 책에 여러 이야기가 나오지만, 무엇보다 제 주의를 끈 부분은 습관에 관한 내용이었습니다. 한마디로 '안 되는 것은 없다'가 답이었습니다.

이 얼마나 희망적인 메시지입니까? 그동안 떨쳐내지 못한 나쁜 습관들은 느슨한 의지와 게으른 실천의 결과물일 뿐이었습니다. 책의 내용에 따르면, 3일과 3주라는 중간 고비를 지나 3개월의 안정기를 거치면 누구든지 원하는 습관을 자신의 것으로 만들 수 있다고 합니다.

한동안 좋은 습관들을 만들고자 3일, 3주, 3개월을 염두에 두고 의식적으로 행동했습니다. 모두 성공하지는 못했지만 몇 가지 꽤 좋은 습관들을 만들 수 있었습니다.

지금도 나는 책을 집필해야 할 때는 반드시 오전 5시 전후에 일어나 두 시간 정도 누구에게도 방해받지 않고 글쓰기에 집중합니다. 또한 이동 시간을 효율적으로 활용하기 위해 대중교통을 이용합니다. 처음 3주까지는 습관을 바꾸기가 힘들었지만, 차츰 그 습관이 당연하게 여겨졌고, 어느덧 몸에 배어 3개월을 훌쩍 넘겼다는 사실을 깨닫게 되었습니다.

기대하는 결과물을 찾는 습관도 이 방법을 활용하면 얼마든지 기를 수 있습니다. 우선 매사에 아무것이나 '왜'를 붙여 질문해봅시다.

'오늘은 왜 이렇게 길이 막힐까?'

'저 사람은 왜 화가 나 있을까?'

'이 카페 주인은 왜 창업을 했을까?'

'이 노트는 왜 이렇게 디자인했을까?'

이렇게 3일, 3주, 3개월을 목표로 아무 질문이나 하다 보면, 어느새 눈앞에 보이는 현상에 자연스레 의문을 품고 답을 찾아가는 자신을 발견하게 될 것입니다.

내가 "아무 질문이라도 좋으니 '왜'를 붙여 끊임없이 물어보시기 바랍니다."라고 말하면 "정말 아무 질문이나 해도 되느냐?"라고 반문하는 사람이 있습니다. 물론입니다. 습관을 들이기 위해서는 오히려 질문에 제한을 두는 것이 더 좋지 않습니다.

기대하는 결과물을 찾아가는 질문을 습관화하기 위해서는, 의문을 품는 것부터 습관화해야 합니다. 제 경우에는 심지어 길가에 떨어진 쓰레기를 보고도 '왜 이곳에 쓰레기가 버려져 있을까?' 질문을 던진 적도 있습니다. 다행히 지금은 길가에 떨어진 쓰레기를 보고 질문하지 않아도 될 만큼 '왜'에 익숙해지긴 했지만 말입니다.

매사 당연하다는 듯 받아들이며 왜냐고 묻지 않는 것 또한 어떻게 보면 습관입니다. 낡은 습관을 버리고 새 습관을 만드는 일은, 어렵긴 해도 해두면 두고두고 좋은 영향을 주는 선물이 됩니다.

2
개방형 질문과
폐쇄형 질문

개방형 질문으로 확장하라

누군가를 만나는 자리에서 가장 어려운 게 무엇인가요? 마음에 드는 이성 앞이든 비즈니스 관계든, 대화를 이끌어 나가기가 아마도 가장 어려울 겁니다. 처음 만나는 자리라면 더욱 그럴 수밖에 없는데, 대화를 잘 하려면 '질문'을 잘 하면 됩니다. 질문으로 대화의 물꼬를 트고, 화제를 돌리고, 집중하게 만들 수 있기 때문입니다. 바로 이 '질문' 속에 기대하는 결과물을 찾는 습관을 기르는 두 번째 키워드가 있습니다. 이를 설명하기 전에, '폐쇄형 질문'과 '개방형 질문'을 먼저 이해할 필요가 있습니다.

A군과 B양의 소개팅을 예로 들어보겠습니다. 오랜만에 소개팅에 나간 A군, 첫 대화의 시작은 보통 날씨 이야기가 좋다고 하여 그가

얼른 운을 띄웁니다.

> A: 오늘 날씨가 참 좋지요?
>
> B: 네. 그러게요.
>
> A: 비 오는 날은 싫어하세요?
>
> B: 네.
>
> A: 아, 저는 비 오는 날도 좋아하는데, 별로인가 봐요?
>
> B: 네.
>
> A: 그럼 눈 오는 날도 별로겠네요? 하하하….
>
> B: 아니오….

카페에서 B양과 두어 시간을 보내는 내내, A군은 질문하고 대화를 이어가느라 진땀이 날 지경입니다. 그렇게 가까스로 소개팅을 마친 A군은 주선자에게 전화해 마구 따졌습니다.

"아니, 그 사람은 소개팅에 왜 나왔대? 뭘 물어도 '네' '아니오' 단답형으로만 대답하고 말이야!"

물론 A군의 대화에 호응을 해주지 않은 B양도 썩 매너가 좋지는 않았습니다. 하지만 애초에 A군의 질문에도 문제가 많았습니다. 눈치채셨나요? A군은 B양이 '네' 또는 '아니오'라고 대답할 수 있는 질문만 계속했습니다. 이른바 '폐쇄형 질문'입니다.

폐쇄형 질문은 '네' '아니오' 둘 중 하나를 선택하게 하여 긴 답변을 제한하는 질문법입니다. 심리적으로 상대방을 압박하거나, 대답을 유도하여 뜻을 강화하기 위해 사용하면 좋습니다.

'비 오는 날을 싫어하느냐?'라고 묻는 것은 날씨에 대한 호불호를 가르는 답을 요구하는 질문입니다. '이 일을 하고 싶으냐?'라고 묻는 것 또한 '하고 싶으냐' '하기 싫으냐'로 양분하는 질문입니다. 폐쇄형 질문은 사고를 확장하고 다양한 대답을 이끌어 나가는 단계에서는 피해야 할 질문 방식입니다.

그렇다면 대화를 확장하고 싶을 때는 어떻게 질문해야 할까요? 상대에게 '개방형 질문'을 하면 됩니다. "오늘은 날씨가 화창하네요. 어떤 날씨를 좋아하세요?" "비 오는 날은 어떠신가요?"와 같은 유형이 '개방형 질문'으로, 이는 '네' '아니오'로 대답할 수 없는 질문입니다.

일에 대해 질문할 때도 마찬가지입니다. "나는 이 일이 하고 싶은가?" "나는 이 일이 재미있는가?" 같은 폐쇄형 질문은 다양한 답변을 끌어내려고 할 때는 도움이 되지 않습니다. "나는 왜 이 일이 하고 싶은가?" "나는 어떤 일을 할 때 재미있는가?" 같은 개방형 질문이 다양한 답변을 떠올리는 단계에 필요한 질문입니다.

개방형 질문은 기대하는 결과물 찾기를 습관화하는 데 큰 도움이 됩니다. 평상시 개방형 질문을 활용하는 습관을 지니면, 기대하는 결과물을 찾는 질문에도 능숙해집니다. 개방형 질문에는 육하원칙이 필수 요소입니다. '나는 왜' '나는 무엇을' '저 사람은 어떻게' 등 무한한 답변이 나올 수 있는 질문은 모두 육하원칙을 기본으로 합니다. 앞서 기대하는 결과물을 찾아가는 질문을 만들 때 육하원칙의 4W를 떠올리라고 한 이야기를 기억하시나요? 이는 기대하는 결과물을 찾아가는 질문 자체가 개방형 질문의 형식을 띤다는 의미이기도 합니다. 개방형 질문은 다양한 답변을 가능하게 해주는 질문이기 때문에 꼬리에 꼬리를 물고 기대하는 결과물을 찾아갈 때 다각도로 답변을 떠올릴 수 있는 훈련이 됩니다.

개방형 질문도 기대하는 결과물을 찾아가는 질문도 어렵다는 사람, 자꾸 폐쇄형 질문만 떠오른다는 사람을 위해 한 가지 손쉬운 팁을 소개하겠습니다. 폐쇄형 질문에 '왜'를 붙여봅시다. 단번에 개방형 질문으로 만들 수 있습니다. 설명으로는 어렵게 느껴지지만 실제로는 간단합니다.

"나는 이 일을 해야 할까?"는 '네' '아니오'로 대답할 수 있는 폐쇄형 질문입니다. 여기에 '왜'를 붙이면 "나는 왜 이 일을 해야 할까?"가 됩니다. '왜' 하나를 붙인 것만으로도 '네' '아니오'로 대답할 수 없는 개방형 질문이 됩니다. "반드시 내가 해야 할까?"에 '왜'를 붙이면 "왜 반드시 내가 해야 할까?"가 됩니다. 역시 다양한 답을 떠올릴 수 있는 개방형 질문이 됩니다.

마찬가지로 "왜 비 오는 날이 싫으세요?" "나는 왜 이 일을 하고 싶을까?" 모두 '왜'를 붙여서 만든 개방형 질문입니다. 반대로 이 질문들에서 '왜'를 빼면, 곧바로 폐쇄형 질문이 되어 버립니다.

평상시 어떤 대화를 하건, 상대에게 열린 대답을 요구하는 개방형 질문을 일부러 사용해봅시다. 평소에 개방형 질문으로 대화하다 보면, 기대하는 결과물을 찾아가는 질문에도 자연스레 익숙해질 겁니다.

폐쇄형 질문으로 확인하라

앞의 내용을 보면 기대하는 결과물을 찾기 위해 질문하는 과정에는 폐쇄형 질문을 활용할 일이 거의 없는 듯 느껴집니다. 그렇다면 폐쇄형 질문은 좋은 질문이 아닐까요? 그렇지는 않습니다. 폐쇄형 질문은 기대하는 결과물을 찾아가는 질문의 마지막 3단계인 Confirm을 습관화할 수 있는 좋은 도구입니다.

일을 상세히 분절하는 1단계나, 계속해서 질문을 던지는 2단계 모두 혼자 해볼 수 있습니다. 의지만 있으면 쉽게 습관화할 수도 있습니다. 하지만 타인과 관계된 3단계는 습관화하기가 쉽지 않습니다. 이럴 때 폐쇄형 질문을 활용하면 좋습니다.

폐쇄형 질문은 답변이 '네' '아니오'로 제한되기 때문에, 자신이 품은 생각이 타당한지 그렇지 않은지 타인에게 확인할 때 사용하면 좋습니다. 답변이 무작정 확장되는 것을 막을 수 있고, 또 답변을 들을 확률도 높아집니다.

팀장에게 상반기 구매자 분석 자료를 만들라는 지시를 받았다고 생각해봅시다. 관련된 제반 사항을 고려한 끝에 당신은 팀장의 지시가 '내년 상반기 제품 기획 회의에서 참고하기 위해서'라고 생각했습니다. 그리고 팀장에게 그 생각이 맞는지 확인하려고 합니다.

물론 "상반기 구매자 분석 자료를 만들어야 하는 이유가 무엇입니까?"라고 물을 수도 있습니다. 그러나 팀장의 예상 반응이 "그런 것까지 일일이 이야기해줘야 해?" "아직도 업무 파악이 제대로 안 됐나?"라면, 질문하기가 망설여질 겁니다. 이때 폐쇄형 질문이 제 역할을 할 수 있습니다.

"팀장님, 제게 상반기 구매자 분석 자료를 준비하라고 하신 이유가, 다음 주 신제품 개발 기획 회의 전에 참고하시려는 건가요?"라고 폐쇄형 질문을 던진다면, 팀장은 '그렇다' 또는 '아니다'로 간단히 이야기할 수 있을 겁니다. 질문을 듣는 입장에서는, 특히 바쁜 상황이라면, 생각하고 길게 답해야 하는 상황이 귀찮을 수 있습니다. 폐쇄형 질문은 응답자가 길게 고민할 필요가 없기 때문에 곧바로 정확한 답변을 들을 확률이 높습니다.

육하원칙을 기본으로 한 개방형 질문은 기대하는 결과물을 찾는 습관을 기르기 위한 도구이고, 폐쇄형 질문은 타인에게 확인하는 단계를 습관화하기 좋은 도구입니다. 질문만 잘 해도 기대하는 결과물을 찾는 습관이 길러진다는 사실을 명심합시다.

3
과거와 현재로부터 배우기

과거가 미래를 만든다

과거를 지배하는 자가 미래를 지배한다

조지 오웰의 소설 『1984』에 나오는 글입니다. 소설 속 독재자 '빅 브라더'는 과거의 역사를 계속 바꿔치기함으로써 사람들의 현재와 미래를 지배합니다. 저는 이 책에서 이렇게 바꿔보려 합니다.

과거를 개선하는 자가 미래를 혁신한다

과거의 일에서 깨달음을 얻으면 미래를 바꿀 수 있다는 의미입니다. 과거 일에서 기대했던 결과물을 생각하면 미래의 기대하는 결과물도 쉽게 생각할 수 있습니다. 다시 말해, 기대하는 결과물을 찾는 습관을 기를 수 있습니다. 과거의 일은 첫 시작부터 중간 단계, 결과까지 일련의 과정이 모두 존재합니다. 그러므로 과거 일의 기대하는 결과물, 이를 실현하려는 노력, 그 결과까지 되짚어보면, 앞으로 있을 혹은 현재 하는 일의 기대하는 결과물도 자연스럽게 떠올릴 수 있습니다.

저명한 과학자 알베르트 아인슈타인은 "어제와 같은 오늘을 보내면서 다른 내일을 기대하는 사람은 정신병 초기증세다."라고 역설했습니다. 과거 일을 분석하지 않았을 때, 특히 실패한 과거의 일을 개선하지 않고 다음 실행에 몰두할 때 벌어지는 폐해를 경계한 것입니다.

반대로 이미 성공한 바 있다는 이유로 어떤 의문이나 의심 없이 예전 과정을 답습하는 것도 잘못된 일입니다. 성공 역시 그 성공의 결과를 산출한 과정을 검증해봐야 하기 때문입니다.

과거로 시간을 되돌릴 수는 없습니다. 하지만 과거의 경험에서 실패의 원인, 성공의 이유를 리뷰해서 배울 수는 있습니다. 혁명가들은 모두 과거의 일에서 기대하는 결과물을 찾아 더 나은 미래를 만들고자 노력한 사람들입니다. 세상을 바꿀 혁명가가 되기는 어렵겠지만, 내 삶을 바꿀 혁명은 누구나 할 수 있습니다. 그리고 그 첫 단추는 지난 과거를 돌아보는 일로부터 시작합니다.

오답 노트와 정답 노트

공부 잘 하는 학생들은 오답 노트를 잘 활용합니다. 왜 답을 잘못 냈는지 살펴보고 정답을 내기 위한 해설을 꼼꼼하게 기록합니다. 앞으로 실수가 없도록 미리 대비하는 겁니다. 그러나 회사 일을 할 때는 명확하게 정답과 오답이 갈리는 경우가 많지 않습니다. 일의 결과물을 구성하는 요소가 복잡하게 얽혀 있기 때문입니다. 단 한 가지 이유로 성공하거나, 단 한 가지 이유로 실패하는 경우는 거의 없습니다. 하지만 우등생들의 오답 노트와 정답 노트를 통해 '원인을 찾는 습관'이라는 모범답안을 만들 수는 있습니다.

오답 노트를 작성하면, 실수를 분석하고 기대하는 결과물을 찾아가는 질문을 던지는 습관을 기를 수 있습니다. 독자 여러분 중 직장인이 있다면, 종이를 한 장 준비하여 아래 예시처럼 회사에서 있었던 일 한 가지를 적어봅시다.

작년 상반기 성과분석 회의 때 자료가 준비되지 않아서 회의가 미뤄지는 바람에 하반기 기획 업무에 차질이 있었다.

곧바로 '왜'를 적용해 다시 생각해봅시다.

왜 작년 상반기 성과분석 회의 때 자료를 준비하지 못했을까?

여러 각도로 질문하고 생각해본 결과, 원인 분석은 이렇게 정리됐습니다.

팀원끼리 역할과 책임분담이 제대로 되지 않아, 취합한 자료에 빈곳이 많았다.

자연스럽게 올해 상반기 성과분석 회의 때 유의해야 할 사항들이 떠오를 것입니다. 업무 오답 노트라 할 수 있겠습니다. 다음은 이를 정리한 오답 노트의 예시입니다.

작년 상반기 성과분석 회의 당시

Task : 회의 준비를 위한 성과분석 자료 작성

결과 : 회의가 미뤄져서 하반기 기획 업무에 차질이 생김

원인 : 자료를 제때에 작성하지 못했다

이유 : 팀원끼리 역할과 책임분담이 제대로 되지 않았다

개선점 : 역할과 책임분담을 좀 더 세분화할 것

중간점검 시간을 자주 가질 것

체크리스트를 만들어 빠짐없이 챙길 것

이렇게 과거의 실수에서 이유를 생각하고 오답 노트를 정리하면 자연스럽게 현재와 미래의 기대하는 결과물을 떠올리는 습관을 기

를 수 있습니다.

잘된 일 또한 마찬가지입니다. 이때는 오답 노트가 아닌 정답 노트를 만들면 됩니다. 잘된 일을 적어보고, 그 이유를 생각하고, 이를 적용해 발전시킬 부분을 찾는 과정은 오답 노트와 같습니다.

어떤 일의 결과가 좋지 않을 경우, 다음번에 그 일을 할 때는 똑같은 패턴으로 반복하지 않습니다. 반면 성공한 경우에는 같은 패턴을 따르려는 습성이 있습니다. 이러한 인간 본연의 습성을 잘 활용하면 기대하는 결과물 떠올리기를 습관화하는 데 효과적입니다. 그 중간 다리 역할을 하는 것이 오답 노트와 정답 노트입니다.

지금 시간을 내어 과거의 일을 떠올려보세요. 안된 일, 잘된 일로 나누어 오답 노트와 정답 노트를 만들어보세요. 그 이유를 계속 생각하다 보면, 어느새 기대하는 결과물을 찾아가는 질문을 습관적으로 던지는 자기 모습을 발견하게 될 것입니다.

4
성과기획서 활용법

쓴 대로 이루어진다

메모는 생각을 객관화하고 구체화하는 데 도움을 줍니다. 구체화한 생각은 구체적인 행동으로 이어지고, 구체적인 행동은 습관으로 이어집니다. 머릿속으로만 생각할 때보다는 직접 손으로 글을 썼을 때 훨씬 집중도가 높아지고 습관화하기도 쉽습니다.

일주일을 시작하기 전에 주간성과기획서를, 하루를 시작하기 전에 일일성과기획서를 써 볼 것을 권합니다.

보통 직장에서는 주간업무계획서, 일일업무계획서, 업무일지라는 제목으로 글을 많이 작성합니다. 하루나 일주일 동안의 업무를 계획하기 위해서입니다. 그러나 업무를 계획하기 전에 기대하는 결과물을 기획하는 것이 먼저입니다. 무슨 일을 하든 수행해야 할 과제를

기대하는 결과물이 무엇인가?

적고, 그런 다음 해당 기간의 과제수행을 통해 기대하는 결과물을 적어야 합니다. 성과기획서를 쓸 때 기대하는 결과물을 적는 이유는 간단합니다. 주간이나 일일 단위로 우선 수행해야 할 과제를 정하고, 과제를 수행하여 기대하는 결과물을 구체화하는 습관을 기르기 위해서입니다.

주간업무계획서, 일일성과기획서를 작성해서 기간별로 우선순위 과제를 생각하고, 과제수행을 통해 기대하는 결과물을 생각해보는 습관을 들여야 합니다. 여기에 두 가지를 더한다면, 마감기한due date과 예상 소요시간을 함께 적는 습관을 들이는 것입니다. 마감기한은 대부분 잘 체화되어 있을 것입니다. 그러나 마감기한 내에 기대하는 결과물을 성과로 창출해내는 데 투입할 수 있는 예상 소요시간을 사전에 설정하고 일하는 습관을 들이는 일도 중요합니다.

하루 여덟 시간 중 회의하고 소통하고 기타 자잘한 업무를 하고 나면 실제로 과제를 수행하며 기대하는 결과물을 성과로 창출해내는 데 투입할 수 있는 시간은 많아 봐야 네 시간 정도입니다. 시간을 예산이라고 생각한다면, 기대하는 결과물을 성과로 창출해내기 위해 사용할 수 있는 시간 예산이 정해져 있는 겁니다. 시간 관리를 중요하게 여겨야 하는 이유입니다.

업무수첩이나 다이어리, 태블릿, PC에 양식을 만들어두고 활용하면 좋습니다. 무엇을 언제까지 하는 것도 중요하지만, 기대하는 결과물과 예상 소요시간을 양식에 추가해서 관리하는 것도 중요합니다. 그러면 기대하는 결과물과 투입시간을 늘 생각할 수 있어서, 더 나은 실행방법을 찾을 수 있습니다. 마감기한에 쫓겨 실행하는 데 급급하다가 일의 기대하는 결과물을 까먹는 일도 막을 수 있습니다.

일과를 마칠 때, '오늘의 기대하는 결과물'을 제대로 이루어냈는지 리뷰를 적어보는 건 어떨까요? 기대하는 결과물을 실제 성과로 창출해냈는지, 그러지 못했다면 이유가 무엇인지, 개선해야 할 부분은 무엇인지, 오늘 부족했던 부분은 내일 어떻게 만회할지 적어보는 것입니다.

기록하면 힘이 된다

기획안 작성을 앞두고 팀장에게 "다음 주까지 기획안을 제출해야 하는 이유가 무엇입니까?"라는 질문을 했다고 칩시다. 그렇게 촉발된 대화 덕분에 기획안의 중요성을 떠올리고 공유할 수 있게 되었고, 다음 주 기획안 보고에 앞서 이번 주 팀 내 1차 검토 회의를 한다는 결과를 불러왔다고 칩시다. 이 과정을 성과기획서에 이렇게 적을 수 있을 겁니다.

4월 27일 1차 검토회의

주요과제 : 상반기 판매 현황 및 고객 분석 자료 제출

기대하는 결과물 : 기존 고객 유지방안을 마련하기 위한 전략회의

기대하는 결과물이 무엇인가?

대비자료

　참조 사항 : 기존 고객 유지방안을 마련하는 중요한 회의

　→ 사전 검토 필요

　→ 이번 주 금요일, 1차 팀 회의

　모든 일을 이렇게 꼼꼼히 적지는 않아도 됩니다. 기대하는 결과물을 찾아가는 질문으로 찾아낸 새로운 방향을 확인할 수 있을 정도면 됩니다. 이런 기록이 매일매일 쌓인다면, 기대하는 결과물을 찾는 습관뿐만 아니라 더 효과적인 질문을 던지는 방법도 깨달을 수 있을 겁니다. 또, 넓게 보자면 하루 중 가장 중요했던 주제의 질문들을 통해 자신의 삶을 되짚어보는 기회도 될 수 있습니다.

　내가 해야 할 일과 그 일을 해야 하는 이유가 빼곡히 적혀 있고, 지금 나에게 가장 중요한 질문을 곱씹을 기회를 주는 나만의 성과기획서, 꼭 만들어보기 바랍니다. 이렇게 만들어진 나만의 성과기획서는 기대하는 결과물을 찾는 습관을 길러주고, 무슨 일을 하든 성공할 수 있는 단단한 디딤돌이 되어줄 것입니다.

5
생각하는 시간을 마련하라

10분이라도 좋다

나무꾼이 도끼로 나무를 베고 있었습니다. 흘리는 구슬땀에 비해 나무는 잘 베이지 않았지만, 나무꾼은 꾸준히 집중해서 한 곳을 열심히 도끼로 찍었습니다. 지나가던 행인이 이를 지켜보다가 말을 걸었습니다.

"무딘 도끼날을 날카롭게 갈아보는 게 어떨까요?"

나무꾼이 대답했습니다.

"오늘 하루 동안 여기 있는 나무를 모두 베어야 합니다. 날을 갈고 있을 틈이 어디 있겠어요?"

아무리 도끼질이 급해도 시간을 들여 도끼날을 갈지 않으면 소용이 없습니다. 땀 흘려 도끼질을 해봤자 나무는 잘 베이지 않습니다.

기대하는 결과물을 찾는 습관도 마찬가지입니다. 도끼날을 열심히 갈듯 기대하는 결과물을 생각할 시간을 마련하고, 그 생각에 집중해야 습관화할 수 있습니다.

나무꾼의 모습이 지금 나의 모습은 아닌지 한번 생각해봅시다. 사실 직장인들은 기대하는 결과물을 생각할 틈이 없을 만큼 눈앞의 일 처리에 정신없이 바쁩니다. 마치 그런 직장인들을 겨냥한 듯 에이브러햄 링컨Abraham Lincoln 이 이런 말을 했다고 합니다.

"나에게 나무를 벨 시간이 10시간 주어진다면 8시간은 도끼날을 갈겠다."

눈에 보이는 일이 급하더라도 기대하는 결과물을 생각하는 시간만큼은 꼭 확보해야 합니다. 당장은 시간을 그냥 흘려보내는 것 같겠지만, 결국에는 전체적인 시간을 줄이는 결과를 낳을 것입니다. 문제는 바쁜 와중에 '기대하는 결과물을 생각하는 시간을 어떻게 확보할 것인가?'인데, 방법은 의외로 단순합니다. 일부러 마음먹고 기대하는 결과물을 생각하는 시간을 갖는 것입니다. 마이크로소프트Microsoft 의 씽크 위크Think Week 처럼 말입니다.

마이크로소프트의 씽크 위크는 오로지 '생각하기'에만 몰두할 수 있도록 만든 사고 주간입니다. 창업자인 빌 게이츠Bill Gates 가 1년에 두 번, 외딴 별장에서 앞으로의 방향에 대해 깊이 고민하는 시간을 갖는 것에서 비롯됐다고 합니다. 마이크로소프트의 경쟁력은 깊은 생각으로부터 시작된다고 판단한 이후에는, 임원들까지도 1년에 두

차례 사고 주간을 가지며 오로지 '생각하기'에만 몰두합니다.

안타깝지만 현실의 직장인들은 일주일 내내 생각에만 몰두하기가 어렵습니다. 꼭 일주일일 필요는 없으니, 각자 나름대로 기대하는 결과물을 생각하는 시간을 만들어봅시다. 10분이어도 좋습니다. 그 시간에는 오로지 기대하는 결과물에만 집중해서 생각하면 됩니다. 처음에는 일부러 시간을 내서 생각하는 것이 어색하고 귀찮을 수 있지만, 시간이 지날수록 습관처럼 몸에 밸 것입니다.

시간을 확보하는 방법은 딱히 정해져 있지 않습니다. 본인이 가장 집중하기 좋은 시간, 활용 가능한 시간을 정한 다음, 앞으로 할 일을 떠올리고 기대하는 결과물을 생각해보면 됩니다. 단, 머리로 하는 주관적인 생각 말고, 글로 쓰는 객관적인 생각으로 말입니다. 오전에 집중이 잘 되는 사람은 출근 직후 생각하는 시간을 가지면 좋습니다. 업무가 끝나야 집중이 잘 된다면, 퇴근길 지하철이나 버스에서 보내는 시간을 활용하는 것도 하나의 방법입니다. 잡념이 끼어들지 않는 시간과 공간이라면 언제 어디라도 좋습니다.

중요한 건 집중의 질

충분한 시간 확보 못지않게 중요한 것이 바로 집중의 질입니다. 10시간 동안 멍하니 이 생각 저 생각 하기보다는 10분이라도 집중해서 생각하는 편이 낫다는 뜻입니다. 어쩌면 당연한 얘기지만, 그

10분도 지키기가 참 힘듭니다. 휴대폰, 인터넷이 수시로 끼어드니 말입니다.

연애할 때를 생각해봅시다. 10년을 만나도 '내가 이 사람과 왜 만날까?'의 이유가 명확하지 않으면, 결국 헤어질 가능성이 큽니다. 이유가 거창할 필요는 없습니다. '그냥 좋아서'라는 이유도 괜찮습니다. 스스로 찾고 생각했으면 그걸로 충분합니다. 만약 '그러게, 내가 이 사람이랑 왜 만날까…?'라는 생각에서 막혔다면, 결국 '이 사람이랑 앞으로도 만나야 할까?' '언제까지 이 사람과 만나게 될까?'로 이어지다가 '그럼 딴 사람은 어떨까?'로까지 연결되기 쉽습니다.

반면에 만난 지 한 달 만에 결혼으로 골인하는 커플도 종종 있습니다. 너무 빨리 결정하는 것 아니냐는 주위의 우려를 물리치고 아들딸 낳고 잘 사는 경우도 많습니다. 이들은 대부분 첫 만남 혹은 두세 번 만나면서 '이 사람이라면 결혼해도 되겠다.'라는 확신을 얻습니다. '결혼해도 되겠다.'라는 뭉뚱그려진 표현 속에 내가 이 사람과 왜 만나는지, 앞으로도 만남을 이어갈지에 대한 이유가 응축되어 있기 때문입니다.

'연애의 완성은 결혼'이라는 오래된 전제를 기초로 한 이야기라서 반발하는 독자들이 있을 수도 있겠습니다. 절대적 시간의 길이가 주는 편견에서 벗어나라는 말을 하고 싶었던 것이니, 웃으며 읽어주시면 좋겠습니다.

절대적 시간의 고정관념에서 벗어나는 훌륭한 예가 하나 있는데,

바로 석가모니의 수행 과정입니다. 인도의 왕자 싯다르타는 보리수 밑에서 단 7일 동안 해탈의 경지를 경험하고 나서 붓다, 즉 부처가 될 수 있었습니다. 그가 처자식을 두고 출가한 이유는 인간의 근원적인 고통을 찾아 그 고통으로부터 인간을 구원하기 위해서였습니다.

기대하는 결과물이 너무 숭고했던 탓일까요? 싯다르타는 6년간 온갖 고행과 명상을 하며 답을 찾고자 했지만, 결국 답을 찾지 못했습니다. 그러나 모든 것을 내려놓은 지 7일 만에 진정한 깨달음을 얻습니다. 그렇다고 6년간 싯다르타가 헛고생을 한 건 아닐 테지만, 이쯤 되면 고정관념을 깨는 정도가 아니라서 조금 혼란스러워질 수도 있습니다. 충분한 시간을 생각하라는 건지, 말라는 건지….

기대하는 결과물을 생각할 때 가장 좋은 건, 내 생각의 주인이 되어 충분히 오랜 시간을 투자하는 것입니다. 오랜 시간을 확보하기 힘들다면, 이를 상쇄할 만큼 집중도를 발휘해야 합니다. 스스로 정한 시간 동안만큼은 말입니다. 그 시간은 '충분한 시간을 투자하였는가?'라고 자문했을 때, '이 정도면 충분하다.'라고 자신 있게 대답할 만큼의 시간이라는 점을 기억하기 바랍니다.

기대하는 결과물을 생각하는 시간에 관해 이야기하니, 모래시계를 활용하면 좋겠다는 사람이 꽤 많았습니다. 그러나 모래시계는 사용하지 말기를 권합니다. 모래시계가 가진 아날로그적 감성이 집중에 도움을 줄 수 있을 것도 같지만, 떨어지는 모래에만 집중하는 역효과가 발생하는 경우가 많기 때문입니다. 생각의 주인 자리를 내주고 싶지 않다면 방해가 될 만한 도구는 사용하지 않는 것이 좋습니다.

　기대하는 결과물을 찾는 습관을 들이기 위한 다섯 가지 방법을 소개했습니다. 이제 스스럼없이 모든 일에 기대하는 결과물을 떠올릴 힘이 생기시나요? 저는 여러분이 다섯 가지 방법에 자신의 노하우를 섞어 더 나은 방법으로 만들어 사용했으면 좋겠습니다. 혹시 이 다섯 가지 방법보다 더 나은 아이디어가 있다면 제게도 알려주시면 감사하겠습니다.

　영화 「철의 여인」에서 마거릿 대처_{Margaret Thatcher} 의 아버지가 어린 딸에게 습관에 대해 말하는 장면이 있습니다.

　"생각을 조심해, 생각은 말이 되니까. 말을 조심해, 말은 행동이 되니까. 행동을 조심해, 행동은 습관이 되니까. 습관을 조심해, 습관은 인격이 되니까. 인격을 조심해, 인격은 운명이 되니까."

　습관이 달라지면 운명이 바뀝니다. 기대하는 결과물을 묻는 작은 습관이 당신의 운명을 바꿀 수 있습니다.

매사 기대하는 결과물을 떠올리는 습관은 몇 가지 작은 행동으로부터 비롯됩니다. 자신에게 맞는 방법을 선택하여 꾸준히 반복하면 어느새 기대하는 결과물을 찾는 습관이 몸에 배어 있을 것입니다.

1. 언제든 무엇이든 '기대하는 결과물'

눈에 스치는 모든 현상에 '왜'를 붙여서 기대하는 결과물을 찾는 질문을 해보는 것

• 장점

- 당연하게 생각하는 안이함이나 선입견 없이 기대하는 결과물을 찾는 질문을 하게 됩니다.
- 작은 현상도 그냥 지나치지 않고 관찰하고 생각하게 됩니다.
- 기대하는 결과물을 찾는 질문을 하다가 의외의 답이 생각나면 사고가 전환되고 창의성도 생깁니다.

2. 개방형 질문과 폐쇄형 질문

대화할 때는 육하원칙에 따라 주로 개방형 질문을 하고, 기대하는 결과물을 확인할 때는 '네' '아니오'의 대답이 나오는 폐쇄형 질문을 하는 것

• 개방형 질문의 장점

- 열린 대답을 유도하므로 질문과 답이 다양하고 수월하게 나올 수 있습니다.

• 폐쇄형 질문의 장점
- 기대하는 결과물을 검증해 줄 타인의 시간과 노력을 줄여주면서 대답을 끌어낼 수 있습니다.

3. 과거와 현재로부터 배우기
오답 노트와 정답 노트를 정리하듯 과거의 일과 당시의 기대하는 결과물을 정리함으로써 현재와 미래의 일에서 기대하는 결과물을 떠올리는 것

• 장점
- 과거의 일은 시작과 진행 과정, 결과까지 드러나 있으므로, 기대하는 결과물을 찾고 분석하기가 수월합니다.
- 기대하는 결과물이 잘 실현된 일은 더 발전시킬 수 있고, 잘 실현되지 않은 일은 이유를 찾아 같은 실수를 반복하지 않게 됩니다.

4. 성과기획서 활용법
업무노트나 태블릿, PC 등에 그날의 과제와 함께 기대하는 결과물을 기록하는 것

• 장점

- 작은 일까지도 기대하는 결과물과 방향이 확실해지므로 효율적으로 일할 수 있습니다.

- 시간에 쫓기는 급한 일도 기대하는 결과물을 생각하고 실행할 수 있게 됩니다.

- 기대하는 결과물과 함께 마감기한과 예상 소요시간까지 적어 넣으면 성과를 창출하는 데 훨씬 도움이 됩니다.

5. 생각하는 시간을 마련하라

집중해서 생각할 수 있는 시간을 마련해 기대하는 결과물만 의도적으로 생각하는 것

• 장점

- 매사에 기대하는 결과물을 집중해서 생각할 수 있습니다.

- 기대하는 결과물을 확실히 할 수 있기에, 결과적으로 전체적인 일의 진행 시간을 줄일 수 있습니다.

5장

기대하는 결과물의 완성, 조감도

Cut-Continue-Confirm의 질문 3단계를 거쳐 기대하는 결과물을 명료하게 정리했다면, 그다음 단계는 무엇일까요? 실행이라고 답하는 독자들도 있을 것 같은데, 그 전에 할 일이 있습니다. 기대하는 결과물을 완성한 모습을 생생하게 그리는 것이 다음 단계입니다.

일의 기대하는 결과물을 완성한 모습을 그리면, 지금 내가 무엇을 해야 하는지 확실히 알 수 있습니다. 좋은 결과가 나온 모습을 상상했을 때, 긍정적인 최면 효과를 얻을 수 있는 것도 물론입니다.

이렇게 '일이 이루어진 상태의 모습'을 그린 것을 '조감도'라고 부릅니다. 조감도를 그리는 방법은 어렵지 않습니다. 하지만 혼동하고 오해하기 쉬운 요소들이 많아 이를 전달해주고자 합니다. 그럼 조감도 속으로 함께 들어가 보겠습니다.

1
모든 재료를 펼쳐라

조감도란?

충분한 이해를 거쳐 기대하는 결과물을 완성했다면, 이번에는 좀 더 공을 들여 이를 구체화한 조감도를 만들어야 합니다. 조감도란, 일을 통해 기대하는 결과물을 완성한 상태를 자세한 부분까지 구체화한 그림입니다. 일의 시행착오를 줄이고 완성도를 높이기 위해서는 반드시 조감도를 그리는 과정을 거쳐야 합니다.

조감도는 한자로 '鳥瞰圖', 영어로는 'Bird's Eye View'로 둘 다 '새의 눈에 보이는 모습'으로 해석할 수 있습니다. 높은 곳에서 전체를 바라보며 그린 그림으로, 건축에서는 건축물이 완성되었을 때의 모습을 말합니다.

사람들은 이 조감도를 보고 결과물을 예측할 수 있습니다. 건축 현장 입구에 조감도를 세워두면 지나던 사람들은 이를 보고 '이 공사가 끝나면 이런 건물이 생기겠구나.' 하고 예측할 수 있습니다. 건축 현장에서 일하는 사람들 역시 '지금 하는 공사가 마무리되면 이런 모습의 건축물이 되는구나.'라고 생각할 수 있습니다. 이 책에서 말하는 조감도도 마찬가지입니다. 조직의 리더와 구성원 모두가 이루고자 하는 일의 결과물을 생생하게 그릴 수 있게 해줍니다.

조감도가 낯설게 느껴진다면, 아마도 용어가 낯설어서 그럴 겁니다. 사실 조감도 그 자체는 우리에게 낯선 개념이 아닙니다. 영화나 방송에서 사용하는 시나리오나 대본을 한번 떠올려보세요. 이 역시 우리 주위에서 찾을 수 있는 조감도 중 하나입니다. 실제 영화의 시나리오를 보면 컷 하나하나를 아주 구체적으로 그려놓습니다. 소품의 위치, 인물의 배치, 색감, 배경, 구도, 표정까지 세세하게 표현하면, 감독은 이를 바탕으로 자신만의 영상을 만듭니다. 모든 시각적 요소를 화면 안에 구성하는 미장센mise-en-scène이 곧 감독의 조감도입니다. 이를 통해 감독은 자신의 영화가 완성된 상태, 자신이 연출을 통해 기대하는 결과물을 실현할 수 있습니다.

이렇듯 조감도는 생소한 개념이 아닙니다. 프로들의 세계에서는 이전부터 중요하게 사용해 온 도구입니다. 조감도의 가장 큰 장점은 기대하는 결과물을 완성하기 위해 무엇을 해야 하는지 세세한 부분까지 명확하게 알려준다는 점입니다.

조감도를 그려 성공한 사람 중에는 이름 높은 기업가들이 많습니다. 그들은 사업을 하는 목표가 확고하고, 그 목표를 이루기 위한 청사진이 뚜렷합니다. 구체적인 조감도로 발전된 목표는 이를 이루기 위해 무엇이 필요한지 일목요연하게 알려주고, 목표와 관련 없는 행동은 하지 않게 만듭니다. 따라서 허튼 낭비 없이 목표 달성에 집중할 수 있습니다.

조감도는 규모가 큰 사업에만 필요한 것이 아닙니다. 사람들은 누구나 일상에서 알게 모르게 조감도를 그립니다. 다만 그 사실을 잘 인식하지 못하고, 제대로 뚜렷이 그리지 못할 뿐입니다.

데이트하는 커플을 생각해보세요. 남자에게 내일 저녁에 데이트하는 목적이 '여자 친구에게 프러포즈하기'라면, 이를 구체화해서 그림을 그릴 것입니다. 저녁 7시에 만나서 식사를 하고, 8시가 넘으면 와인 바로 자리를 옮겨 이야기를 나누다가, 피아노와 바이올린 선율이 울리면, 편지를 읽으며 반지를 꺼내는 모습. 감동한 여자 친구가 눈물을 흘리며 긍정의 대답하는 모습까지 남자의 조감도에 담겨 있을 것입니다.

그런가 하면 퇴근 후 피트니스 클럽에서 운동하는 직장인들의 머릿속에도 조감도가 있는 경우가 많습니다. 마른 몸을 근육질 몸매로 만드는 것이 피트니스 클럽에서 운동함으로써 기대하는 결과물인 사람이 있습니다. 그에게는 몇 개월 후 자신이 기대한 결과물을 실현한 모습이 생생하게 그려져 있을 것입니다. 적당히 근육이 붙은 팔, 탄탄한 종아리 등이 그의 조감도입니다.

기대하는 결과물이 무엇인가?

자신이 하고자 하는 일의 기대하는 결과물을 조감도로 그리면, 머릿속에 그 이미지가 생생하게 그려지기 때문에 실행 가능성이 커집니다. 조감도는 상세할수록 좋은데, 이를 그리려면 무엇보다 재료가 필요합니다. 조감도의 근거가 되는, 타당성 있는 데이터들이 필요하다는 뜻입니다. 기대하는 결과물을 완성한 모습을 근거 없이 그렸다가는 사상누각이 될 수 있으니 주의해야 합니다. 신기루가 아니라 손에 잡히는 현실적인 그림을 그리기 위해서는 무엇보다 현장에서 핵심 근거를 찾아야 합니다.

현장이 핵심이다

경찰들은 언제나 현장에서 근거 자료를 찾습니다. 그들에게 있어 완전 범죄란 없습니다. 모든 범죄자는 반드시 현장에 흔적을 남기기 때문입니다. 『모든 범죄는 흔적을 남긴다』라는 책에는 곤충을 활용한 수사와 유전자 감식 수사에 관한 이야기가 나옵니다. 사체에서 범죄 현장 주위에서는 볼 수 없는 곤충이나 식물이 발견됐다면, 이는 사체가 옮겨진 것을 의미한다고 합니다. 실제 범죄가 벌어진 사건 현장이 다른 곳이라는 뜻입니다. 그런가 하면 사체에 붙어 있는 곤충이나 그 유충의 성장 상태를 조사해 사망 시간을 추정할 수도 있다고 합니다. 현장에서 찾아낸 곤충 한 마리로도 사건 해결의 매듭을 풀 수 있다는 이야기입니다.

조감도도 마찬가지입니다. 조감도 안에 무엇을 구성할지 정할 때는 자료가 필요한데, 이 자료는 반드시 그 일을 진행할 현장에서 가져와야 합니다. 사람들이 많이 혼동하거나 잘못 아는 부분이기도 합니다. 오랫동안 고쳐지지 않은 잘못된 고정관념 때문이라고 생각합니다. 아래 예시를 통해 좀 더 자세히 설명해 보겠습니다.

직장인과 대학생이 대상인 어느 영어학원 홍보팀의 12월 주요과제는 '온라인 강의 신규 수강자 1,000명 확보'입니다. 이 과제의 기대하는 결과물은 다음과 같습니다.

내년 초 오픈하는 온라인 강의 5개를 성공적으로 론칭하여 학원 내 매출 TOP 5 강의로 끌어올린다.

홍보팀장은 팀원들에게 다음 회의 때 조감도를 그릴 테니 참고 자료를 준비하라고 지시했습니다. 다음 회의 시간, 팀원들이 제출한 자료를 보고 팀장은 짧은 한숨을 내쉬었습니다. 다음은 팀원들이 준비한 자료 목록입니다.

국내 온라인 강의 시장 규모
직장인과 대학생 자기계발 실태
온라인 영어 강의 성공 사례

여러분은 팀장이 왜 짧은 한숨을 쉬었는지 짐작할 수 있습니까? 힌트는 이 파트의 앞부분에서 소개한 범죄 수사에 있습니다. 눈치챈 독자들이 많으리라 생각합니다. 팀원들은 과제를 진행할 현장을 고려하지 않았습니다.

과제: 온라인 강의 신규 수강자 1,000명 확보
기대하는 결과물: 내년 초 오픈하는 온라인 강의 5개를 성공적으로 론칭하여 학원 내 매출 TOP 5 강의로 끌어올린다

홍보팀의 과제와 기대하는 결과물이 위와 같이 정해졌습니다. 이때의 조감도란 5개 온라인 강의 론칭이 성공적으로 이루어져서 학원 매출 TOP 5 강의로 상승한 상황을 구체적으로 그린 것이 됩니다. 따라서 참고 자료 역시 이 학원의 온라인 강의 론칭과 관련된 데이터여야 합니다. 예를 들면 아래와 같습니다.

11월 온라인 강의 신규 수강자 수
1~11월 연령별, 성별, 직업군별 신규 수강자 추이
온라인, 오프라인 수강 비율 및 선호도
현재 학원 내 매출 TOP 5 강의 분석

물론 팀원들이 조사한 외부적 요인도 중요합니다. 하지만 이는 현

장 자료와 함께할 때 빛을 발할 수 있습니다. 정작 그 일을 진행하는 현장의 자료가 없다면, 아무리 정확한 외부 자료라도 실효성이 크지 않습니다.

사람들이 흔히 하는 실수는 '이 일 어디 한두 번 해보나!'라는 안이한 마음가짐으로부터 비롯합니다. 특히 조감도를 그릴 때는 이런 생각들이 악영향을 끼칩니다. 빠듯한 시간 안에 현장 자료를 하나하나 생각하기 힘들다는 이유로, 중요한 부분을 간과하는 실수를 범합니다.

현장은 문제가 발생하는 곳이자 문제가 해결되는 곳입니다. 업종이나 직무에 따라 물리적인 현장이 없을 수도 있고, 조직에 따라 현장이 아닌 사무실에서 모든 일이 이뤄지기도 합니다. 중요한 것은 문제가 일어나고 해결되는 현장을 상상하며 해결책을 풀어나가려는 자세입니다. 그래야만 기대하는 결과물이 제대로 실현된 조감도를 그릴 수 있습니다.

전부 다 빠짐없이

일이 진행될 현장의 자료를 모았다면, 이를 우선 넓게 펼쳐놓아야 합니다. 일과 현장을 둘러싼 제반 사항이 모두 파악되어야 어떤 액션을 취할지 그림을 그릴 수 있습니다. 어디서부터 어떻게 시작해야 할지 막연하게 생각하는 사람들이 많은데, 이럴 때 미국 드라마 「닥터 하우스」의 '화이트보드 회의'를 권해드립니다.

괴팍한 천재 의사 하우스가 이끄는 진단 의학팀이 환자의 증상을 추적하여 병명을 밝히고 치료하는 것이 「닥터 하우스」의 주된 내용입니다. 원인불명의 증상으로 입원한 환자를 두고 하우스와 그의 팀원들이 제일 먼저 하는 일은 화이트보드에 환자의 현재 상태와 예상 병명을 쭉 늘어놓고 자유롭게 토론하는 것입니다.

팀원들은 환자의 증상을 이야기하며 사소한 사항까지 빠짐없이 기록합니다. 기침을 몇 번 했는지, 환자의 평소 식습관은 어떤지, 심지어 환자의 가족관계까지 낱낱이 조사해 화이트보드에 적습니다. 이렇게 조사한 자료를 토대로 닥터 하우스는 환자의 병명을 예측하고 치료법을 지시합니다. 물론 매번 한 번에 맞추지는 못하더라도, 결국 환자들은 원인불명이었던 병을 치료하고 행복한 결말을 맞습니다.

하우스가 단지 천재적인 직관력으로 환자의 병명을 밝힌다고 생각하면 오해입니다. 모든 팀원과 함께 환자의 증상과 상황을 비롯해 사소한 부분까지 펼쳐놓고 보는, 일명 '화이트보드 회의'가 있었기에 가능한 일입니다. 기대하는 결과물까지는 잘 완성했는데 조감도 만들기에 애를 먹고 있다면, '화이트보드 회의'를 한번 해보면 어떨까요? 팀장과 팀원 모두 평등한 입장에서 현장의 모든 자료를 펼쳐놓는 좋은 기회가 될 것입니다.

손에 쥔 모든 것을 펼쳐놓는 일의 중요성을 좀 더 설명하자면, 한

순간에 모든 요소를 집중 분석해야 하는 전쟁 상황을 떠올려보는 것이 좋을 듯합니다. 전투를 벌일 장소와 시간, 아군과 적군의 병력 등 모든 요소를 철저히 분석하는 과정을 거쳐야 승리할 수 있는 전략을 짤 수 있기 때문입니다.

제2차 세계대전에서 독일의 항복을 끌어낸 결정적 사건은 바로 노르망디 상륙작전입니다. 이 작전은 당시 영미 연합군이 독일 본토 침투를 위해 유럽 대륙으로 진입하고자 펼친 작전입니다. 작전을 짜기 전, 연합군 사령관이었던 드와이트 아이젠하워 장군은 활용할 수 있는 패가 무엇인지부터 고민했습니다.

가장 먼저, 활용할 수 있는 지리적 요건부터 파악했습니다. 아이젠하워는 선택지였던 유럽의 해안 네 곳 중 프랑스 노르망디 지역의 바람이 세고 파고가 높아 독일군의 방어가 약할 것이라고 예측했습니다. 그에 따라 노르망디 지역을 5개 작전 구역으로 나누는 전략을 세웠습니다. 또 이 지역의 조수간만 차가 크다는 점, 밤에도 빛이 밝은 보름달의 영향까지 고려해 작전 개시일을 6월 5일로 정했다고 합니다. 그런 다음, 야간에 2만4천 명의 공수부대를 먼저 잠입시키고, 나머지 인원은 다음 날 일제히 상륙하는 방식으로 15만 명이 넘는 병력을 배치했습니다.

지리적 조건과 시간적 조건, 보유한 병력까지 모두 펼쳐놓고 고민한 뒤, 이상적인 시간과 장소에 적절하게 병력을 배치한 것이 노르망디 상륙작전 승리의 가장 큰 요인이었습니다. 현재 상황을 점검하

기대하는 결과물이 무엇인가?

지 않고 '해야 할 일'에 급급했다면 전세가 어떻게 펼쳐졌을지 알 수 없습니다.

우리를 둘러싼 일도 마찬가지입니다. 현재 상황을 파악할 수 있어야 향후 실행할 계획들로 맞춰진 조감도를 완성할 수 있습니다. 창고에 있는 재고를 파악해야 제품을 언제까지 얼마나 생산할지 알 것 아닙니까?

조감도를 그릴 때 필요한 자료를 모두 펼쳐놓아야 한다는 사실, 그리고 그 자료는 반드시 일을 진행할 현장에서 가져와야 한다는 사실, 두 가지를 반드시 기억하도록 해야 합니다. 조감도를 그리는 아주 중요한 첫 단계입니다.

2
숫자로 구체화하라

조감도로 실행계획 만들기

조감도가 없으면 아무리 기대하는 결과물이 명료하고 간결해도 실행으로 빠르게 전환하기가 쉽지 않습니다. 그만큼 기대하는 결과물과 실행 사이에 간극이 존재하기 때문인데, 기대하는 결과물이 이뤄질 모습을 스케치하듯 생각하는 습관을 들이면, 실행에 대한 아이디어가 저절로 떠오르기도 합니다. 그러면 중간에 어떤 역경이 닥쳐도 쉽게 헤쳐 나갈 수 있는 길이 생깁니다.

특히 낯선 일을 앞두고 조감도를 스케치하면, 실행을 차질 없이 진행하는 데 큰 도움이 됩니다. 무슨 일을 하건 기대하는 결과물과 방향을 구체화하도록 도와주기 때문입니다.

임예린 매니저는 고향을 떠나 서울에서 회사 생활을 하는 30대

기대하는 결과물이 무엇인가?

초반의 평범한 직장인입니다. 올봄에 받은 회사 건강 검진에서 복부 비만이 있고 나이에 비해 콜레스테롤 수치가 높다는 결과를 통보받았습니다. 그녀는 이참에 살을 빼고 건강도 챙기겠다는 생각으로 점심 도시락을 싸기로 했습니다. 요리에 취미가 있어 매일 도시락을 준비하는 것에는 자신이 있었지만, 어떤 반찬을 얼마나 만들어야 할지 감이 오지 않았습니다.

그녀는 업무 시간에 적용했던 조감도를 활용해보기로 하고, 우선 도시락을 준비함으로써 기대하는 결과물을 정리했습니다.

6개월 동안 4kg 감량하고 콜레스테롤 수치를 낮추는 것

하루 세끼 중 점심 칼로리만 낮추는 것이고 저녁에는 가끔 약속도 있어서 체중 감량 목표치를 높게 잡지는 않았습니다. 그리고 기대하는 결과물을 도시락과 연관 지어 구체화한 하루 치 조감도를 먼저 만들었습니다.

구성	칼로리	합계
현미밥	약 320kcal	
양념김	약 30kcal	
김치	약 15kcal	565kcal
반찬	계란말이 약 125kcal	
	감자조림 약 75kcal	

이후 임예린 매니저는 인터넷에서 정보를 찾아 3일 주기로 반찬을 두 종류씩 바꾸었고, 레시피대로 만들어갔습니다. 가끔 맛이 없을 때도 있었지만, 직접 반찬을 만드는 것이 꽤 재미있었습니다. 무엇보다 메뉴 선정이나 반찬 가짓수를 정하느라 고민하는 일은 6개월 동안 한 번도 없었습니다. 상세한 조감도 덕분이었습니다.

조감도를 만들어 실행에 옮기는 과정은 일할 때나 공부할 때나 모두 적용할 수 있는 아주 쉬운 개념입니다. 낯선 일을 마주하면 당황하게 되고 마음속에 새겨두었던 기대하는 결과물마저 생각나지 않을 수 있습니다. 그러다 보면 실행방법도 제대로 떠오를 리 없습니다. 그러니 기대하는 결과물을 잘 생각해서 정리했다면, 이를 구체화한 조감도를 스케치하여 미리 머릿속에 담아두기 바랍니다. 실행에 도움이 되는 훌륭한 지름길을 제시할 것입니다.

모든 것은 수치화할 수 있다

"조감도에서 중요한 것은 이루고자 하는 결과물을 수치화하여 적는 것입니다. 수치는 자세하면 자세할수록 더욱 좋습니다."

근래 들어 기대하는 결과물과 조감도에 관한 강의를 많이 하고 있는데, 그때마다 제가 강조하는 말입니다. 그런데 수치에 대한 중요성을 강조할 때마다 자주 듣게 되는 질문이 있습니다.

"얼마 전 팀 활성화에 대한 미션이 주어졌고, 기대하는 결과물로

기대하는 결과물이 무엇인가?

'친목 도모'가 나왔습니다. 이럴 때는 어떻게 조감도를 그리고 수치화해야 합니까?"

조감도를 그리는 과정에 빠트리지 말아야 할 것은 바로 '숫자'입니다. 모든 것을 수치화해야 그 후에 실행방법을 세우기도 쉽고, 나중에 얼마나 잘 이루어졌는지 평가할 수 있습니다. 그러나 '친목 도모' '사기 증진' '애사심 강화'처럼 숫자로 변환되지 않는 경우는 어떻게 수치화하여 조감도를 그려야 하는지 막막하다는 사람이 많습니다.

결론부터 말하자면 수치로 선명하게 그릴 수 없는 조감도란 없습니다. 앞서 기대하는 결과물을 찾아가는 질문의 두 번째 단계를 기억하십니까? 몇 번이고 만족할 만한 답이 나올 때까지 질문을 거듭하는 단계 말입니다. 조감도가 수치화되지 않는다면 이때 충분하게 질문을 던지지 않은 것입니다.

위의 질문을 다시 살펴봅시다. 팀 활성화의 기대하는 결과물이 '친목 도모'라고 했습니다. 하지만 이는 수치화하기 애매한 말로, 진정한 기대하는 결과물이 아닙니다. 다시 질문을 이어가 봅시다.

왜 팀 활성화인가? → 팀원들 사이에 친목 도모가 필요하다.

왜 친목 도모인가? → 그래야 커뮤니케이션이 잘 된다.

왜 커뮤니케이션인가? → 커뮤니케이션이 잘 되어야 팀 프로젝트 마감을 앞두고 각자 업무 진행률이 높아진다.

'친목 도모'에서 다시 질문을 이어가니, 정작 필요한 것은 친목 도모를 통해 '팀 프로젝트에서 업무 진행률을 높이는 것'이라는 결과가 도출되었습니다. 이는 아래와 같이 다시 정리할 수 있습니다.

Task: 팀 활성화 방안 기획
기대하는 결과물: 팀 프로젝트의 진행률을 높인다
조감도: 프로젝트에서 각 역할의 업무 진행률을 30%씩 높인다

어떻게 하면 모든 것을 수치화할 수 있을지 알쏭달쏭해 하는 사람이 많지만, 회사에서의 모든 목표는 수치화할 수 있습니다. 팀 활성화의 목표를 '업무 진행률 30% 높이기'로 정한 것처럼 말입니다.

두루뭉술하게 기대하는 결과물과 조감도를 만들면, 목표를 이루려는 의지와 동기부여를 떨어뜨릴 뿐입니다. 서로 바라보는 방향이 다른 경우가 생기기도 합니다. 여럿이 함께하는 일일수록 수치로 공유해야 오해를 없앨 수 있습니다.

꼬리에 꼬리를 무는 조감도

조감도를 자세히 그리기 위해서는 기대하는 결과물을 찾아가는 질문 2단계와 마찬가지로 꼬리에 꼬리를 물면서 파고 들어가는 과정이 필요합니다.

기대하는 결과물이 무엇인가?

생명보험회사 직원들을 재교육할 때의 일입니다. 영업하는 세부적인 방법이 아닌, 업무 기획 방법을 가르치는 교육이었습니다. 강의실에 들어가 화이트보드에 크게 썼습니다.

이달의 영업목표: 계약 15건 달성

그런 다음, 계약을 15건을 달성하기 위해 어떻게 해야 하는지 자유롭게 이야기해보라고 했습니다. 그러자 아는 사람에게 연락하고, 평소 잘 가는 시장 상인들을 한 번씩 방문하고, 오피스 빌딩 내 사무실을 일일이 방문하는 등의 아이디어가 나왔습니다. 하지만 누구도 조감도를 그리는 사람은 없었습니다. 다시 좀 더 상세하게 이야기했습니다.

"지금부터 이 목표가 실현된 상태의 조감도를 머릿속에 그린 다음 종이에 써보세요. 계약을 15건 달성했다고 가정하고, 그 15건을 어디서 달성했는지 써보는 겁니다."

처음에는 멈칫했던 사람들이 골똘히 생각하며 종이에 열심히 쓰기 시작했습니다. 다음은 주부 보험설계사 한 사람이 만든 조감도입니다.

친구의 남편과 친인척: 2건
큰아들 학원 엄마 모임: 3건

아파트 상가 내 상점들: 3건

기존 고객의 지인 소개: 3건

시청역 인근 빌딩 내 사무실 방문: 4건

그녀는 위와 같은 조감도를 그렸습니다. 이런 1차 조감도만으로도 새로운 계약을 체결하기 위해 언제, 어디서, 누구를 만나야 할지 알 수 있습니다. 저는 조감도를 좀 더 세분화하여 정확히 해야 할 일을 알 수 있도록 이 항목 중 하나를 골라, 함께 2차 조감도를 그려나갔습니다.

기존 고객의 지인 소개 : 3건

-기존 고객 30명에게 연락

· VIP 고객 5명 직접 방문

· 사업체, 가게를 운영하는 개인사업자 고객 15명에게 '화재 보험' 관련 안내 메일링 및 사은품 증정

· 초등학생 자녀가 있는 고객 10명에게 '어린이 보험' 안내 자료 및 자녀 선물 발송

이 예시처럼 꼬리에 꼬리를 물듯 하위 조감도를 그려보면, 할 일이 더욱 명확해진다는 걸 알 수 있습니다.

그녀가 다음으로 해야 할 3차 조감도의 시작점은 'VIP 고객 5명

직접 방문'이 될 것입니다. 5명을 직접 방문하려면 어떻게 해야 할까요? 고객이 바쁘지 않은 시간에 직접 전화해서 약속을 잡거나, 문자 메시지로 안부를 묻거나, 증정품을 전달하는 등 다양한 방법이 떠오를 것입니다.

지금까지 설명한 바와 같이 계속해서 하위 조감도를 그리려면 무엇보다 미래 중심의 사고가 필요합니다. 주위를 보면 과거에 집중해 이야기하는 사람들이 적지 않습니다. '왕년에 내가 이런 일을 했다.' '예전에는 다 이렇게 일했다.' '옛날에 여기는 이랬다.' 등 습관적으로 지나간 이야기를 하는 과거 지향적인 사람들이 꽤 많습니다. 인간의 특성상 그럴 수밖에 없을지도 모르겠습니다.

과거를 돌아보는 일은 중요합니다. 그러나 과거를 돌아보는 일은 과거의 추억 그 자체가 아니라 그때의 일이 현재나 미래와 깊은 관련이 있을 때 의미가 깊어집니다.

꼬리에 꼬리를 물듯 하위 조감도를 만드는 일은 일할 때 시간과 노력을 조절해주는 역할을 합니다. 한 가지, 조감도를 그릴 때 잊지 말아야 할 것이 있습니다. 안타깝게도 많은 사람들이 자주 잊는 부분이기도 합니다.

Will Be가 아닌 Must Be

'To Do 리스트'는 '해야 할 일'을 뜻합니다. 실행 단계에서 할 일을 정리할 때 많이 사용합니다. 그런데 기대하는 결과물을 구체화한 조감도를 그리라고 할 때, To Do 리스트를 나열하는 사람들이 의외로 많습니다. 조감도에 대한 큰 오해이기도 합니다. 만약 세계적인 영화배우 아널드 슈워제네거 Arnold Schwarzenegger 가 조감도를 To Do 리스트로 오해했다면, 보디빌딩 세계 챔피언이 될 수 없었을 것입니다.

아널드 슈워제네거는 어렸을 적부터 벽에 '첫째, 할리우드의 영화배우가 되겠다, 둘째, 케네디 가문의 여자와 결혼하겠다, 셋째, 주지사가 되겠다.'라고 붙여놓고 하나하나 꿈을 이루었다고 합니다. 그가 할리우드에 진출하기 전 세웠던 목표가 하나 더 있었는데, 바로 보디빌딩 세계 챔피언이었습니다.

20대의 그는 보디빌딩 세계 챔피언이 되고자 상세한 조감도를 그렸습니다. 그가 조감도의 벤치마킹 대상으로 삼은 인물은 1950~1960년대 보디빌딩 세계 챔피언을 석권한 레그 파크 Reg Park 였습니다. 슈워제네거는 잡지를 뒤져서 레그 파크의 사진을 찾아 벽에 붙인 다음, 그의 신체 사이즈를 세세히 적어 자신의 조감도를 만들었습니다. 단순히 몸을 좋게 만든 것이 아니라 레그 파크의 사이즈에 맞추어 훈련한 것입니다. 그리고 결국 그는 세계 최고의 보디빌더가 되었습니다.

Task: 강도 높은 훈련
기대하는 결과물: 보디빌딩 세계 챔피언

조감도: 롤 모델인 레그 파크의 가슴둘레, 허벅지 둘레, 팔 둘레, 종아리 둘레 등.

만약, 아널드 슈워제네거가 조감도가 아니라 To Do 리스트를 적었다면 어떻게 됐을까요? 아마 아래와 같은 To Do 리스트가 완성되었을 것입니다.

Task: 강도 높은 훈련
기대하는 결과물: 보디빌딩 세계 챔피언
To Do 리스트: 단백질 파우더 섭취, 새벽훈련, 오전훈련, 오후훈련

조감도와 To Do 리스트는 확연히 다르다는 점을 알아야 합니다. 아널드 슈워제네거의 To Do 리스트를 한번 살펴봅시다. 매일 단백질 파우더를 섭취하고 아침, 점심, 저녁마다 훈련하는 것만으로 세계적인 보디빌더가 될 수 있을까요? 물론 열심히 한다면 불가능하지 않을 수도 있겠지만, 신체 사이즈를 하나하나 맞추는 것에 비하면 목표한 바를 이루기가 쉽지 않았을 겁니다.

반면 조감도는 어떤가요? 자신이 이루고자 하는 그림이 상세하고 선명합니다. 그는 자신의 롤 모델인 레그 파크처럼 되기 위해, 그의 신체 사이즈를 적어두고 거기에 맞춰 훈련했습니다. 시행착오를 겪을 일이 없었던 겁니다. 그렇게 효율적으로 훈련한 끝에 1970년에

최연소 보디빌딩 세계 챔피언에 오를 수 있었습니다.

일할 때도 조감도와 To Do 리스트를 혼동하는 사람들이 많습니다. 팀장들을 대상으로 교육할 때, 제가 주의해서 살펴보는 부분이 있습니다. 팀의 목표를 정한 다음, 이를 바탕으로 조감도를 그리는 부분입니다. 이때 꽤 많은 사람이 To Do 리스트를 적습니다.

다음은 한 회사의 팀장이 작성한 조감도입니다.

올해 우리 팀 과제

목표: 매출 50억 달성

조감도: 영업력 강화, 신제품 출시일 단축, 신규 판매처 확보, 광고 및 홍보 다변화….

이 팀장은 매출 50억을 달성하기 위해 해야 할 일들을 떠오르는 대로 적었습니다. '이렇게 하면 목표를 이룰 수 있겠지.'라고 생각되는 것들 말입니다. 하지만 이 목록은 조감도가 아닌 To Do 리스트입니다. 이 팀장이 정한 목표를 토대로 함께 다시 조감도를 만들어 보았습니다.

올해 우리 팀 과제

목표: 매출 50억 달성

조감도: 자사 매장 판매(온, 오프라인 합계) 중 기존 제품 판매 10억

원, 신제품 판매 20억 원, 특가 이벤트 판매 5억 원, 기업 납품 5억 원, 입점한 온라인 사이트 판매 10억 원

어떤가요? 훨씬 구체적이고 상세하지 않은가요? To Do 리스트는 조감도를 확고하게 만든 뒤에 등장해야 합니다. '특가 이벤트 판매 5억 원'이라는 세부 목표를 성과로 창출하기 위한 실행방법을 기획할 때, 그때 To Do 리스트를 작성하면 됩니다.

조감도는 '이렇게 될 것이다.'라고 소극적으로 생각하는 것이 아니라 '이렇게 되어야 한다.'라고 적극적으로 생각하는 것입니다. '이렇게 될 것이다.'는 '이렇게 되겠지.'와 별반 다르지 않습니다. 그러면 노력의 의지가 약해질 수밖에 없습니다. 약한 의지는 조감도를 To Do 리스트로 오해했을 때 생기기 시작합니다.

일이 완성된 모습을 떠올려봅시다. 그리고 세부 구성요소를 나누어 봅시다. 이 단계까지 도달해 조감도를 그렸다면, 어떻게 실행할지 고민해야 합니다. 바로 '선택과 집중'입니다.

3

선택하고 집중하라

파레토의 법칙

19세기 이탈리아의 경제학자 빌프레도 파레토Vilfredo Pareto는 당시 유럽의 부와 소득에 관해 연구하다가, 전체 재화의 80%를 20%의 인구가 차지하고 있다는 사실을 발견했습니다. 이를 '파레토의 법칙' 또는 '80/20 법칙'이라고 부릅니다.

모든 현상이 정확히 80:20으로 나뉘는 않지만, 경영에서도 20%의 직원이 80%의 성과를 창출하는 현상 등을 '파레토의 법칙'으로 설명하곤 합니다. 조감도를 그릴 때도 마찬가지입니다. 중요한 20%의 요소가 결과의 80%를 좌우합니다. 이는 곧 선택과 집중의 문제와 직결됩니다. 시간과 능력, 재화 등이 한정된 상태에서 자원을 최대한 효율적으로 활용할 수 있는 방법을 찾아야 합니다.

기대하는 결과물이 무엇인가?

기업들은 저마다 한정된 자원을 효율적으로 활용할 방안을 찾기 위해 애씁니다. 20세기 초, 세계에서 가장 큰 규모를 자랑하던 미국의 철강기업 베들레헴 스틸 Bethlehem Steel 의 창업주 찰스 슈워브 Charles M. Schwab 도 마찬가지였습니다. 그는 인적 자원을 최대한 활용하기 위한 선택과 집중에 관해 깊이 고민했습니다. 찰스 슈워브는 문제를 해결하고자 젊은 경영 컨설턴트를 고용했고, 그에게 단 한 가지를 부탁했습니다.

"한정된 시간 동안 더 많이 일할 방법을 알려주시오."

컨설턴트가 그에게 내놓은 답은 간단하기 그지없었습니다. 당장 내일 해야 하는 일들을 적은 다음, 중요도에 따라 숫자를 매기라는 것이었습니다. 그런 다음, 가장 중요한 일부터 하되, 하나의 일을 마치기 전에는 절대 다음 일을 하지 말라고 당부했습니다. 한 가지 일을 마친 뒤에는 다시 목록을 보며 중요도를 점검하라는 말도 덧붙였습니다. 컨설턴트는 자신 있게 마지막 말도 덧붙였습니다.

"모든 일을 완벽하게 처리하는 것은 불가능합니다. 이 방법은 어떤 일이 가장 중요한지, 어떤 일을 가장 먼저 해야 하는지 일깨워줍니다. 이 방법에서 효과를 보셨다면, 그만큼 비용을 지불하시면 됩니다."

찰스 슈워브는 반신반의하며 그가 가르쳐준 대로 실천했고, 실제로 일의 진행이나 결과에 큰 효과가 있다는 사실을 발견했습니다. 그는 젊은 컨설턴트에게 거액의 비용을 지불했습니다.

그로부터 한참이 지난 후, 한 지인이 찰스 슈워브에게 물었습니다.

"어떻게 그렇게 간단한 아이디어에 막대한 돈을 지불했나?"

그러자 그가 이렇게 대답했습니다.

"컨설턴트에게 쓴 돈은 그해 베들레헴 스틸이 했던 투자 중 가장 가치가 컸던 돈이었네."

그 컨설턴트는 세상에서 가장 단순하지만 가장 어려운 규칙인 '선택과 집중'에 대해 깨우쳐주었습니다.

여러분도 수첩이나 스마트폰을 꺼내어 내일 할 일을 적고 우선순위를 매겨보세요. 그리고 한 가지 더, 내일 할 그 일의 기대하는 결과물을 구체화해 보세요. 그것이 곧 내일의 과제와 기대하는 결과물을 구체화한 조감도가 될 것입니다. 그리고 1순위 과제부터 차근차근해보되, 1순위 과제가 끝나기 전까지는 절대 다음으로 넘어가지 마세요.

일은 많고 한정된 시간에 쫓기다 보면, 생각보다 지침을 지키기가 쉽지 않습니다. 1순위 일이 끝나지 않았는데 오후 시간이 훌쩍 지나는 걸 보면, 조바심에 그다음 순위의 일들을 조금씩 건드리게 됩니다. 결국, 대여섯 가지 일을 펼쳐놓고 중구난방으로 동시에 하기 일쑤입니다. 그러면 일을 해도 다 마쳤다는 느낌이 들지 않고, 결과 또한 만족스럽지 않을 수밖에 없습니다.

모든 일을 완벽하게 할 수는 없습니다. 그래서 우선순위를 만들어 선택하고 집중하는 것입니다. 한 가지 일을 선택해 1순위로 정했다면, 그 일에만 집중해야 합니다. 그렇게 일이 마무리된 다음, 다음 순위 일로 넘어가는 훈련이 필요합니다.

급한 일과 중요한 일이 함께 생기면, 사람들은 중요한 일보다 급한 일을 먼저 처리하곤 합니다. 그러나 중요한 일을 미뤄둔다면, 결국 중요한 일을 나중에 급히 처리해야 합니다. 모든 일을 급하게 하는 결과를 낳는 것입니다.

따라서 조감도를 그려서 해야 할 일을 찾아낸 다음, 중요한 일부터 선택해야 합니다. 급한 일이 아니라 중요한 일부터 해야 합니다. 하지 않아도 될 일은 과감히 버리고, 꼭 해야 할 일을 제대로 해내는 것이 중요합니다. 이 점을 다시 한번 마음에 새겨야 합니다.

무엇이 핵심 구성요소인가

선택과 집중의 중요성을 알았다면, 이제 80%를 이끌 20%의 요소를 찾아야 합니다. 그런데 대다수 사람은 '집중해야 할 일'을 선택할 때, 가장 큰 영역을 차지하는 일을 선택하는 경향이 짙습니다. 일의 양을 따진다는 것입니다.

차지하는 양을 고려하는 것도 중요하지만, 집중할 대상을 선택할 때는 일의 크기만이 중요 요소는 아닙니다. 이 부분은 예시를 통해 짚어보면 이해하기 쉽습니다.

양말을 제조하여 수출하는 업체가 있습니다. 올해 초 출시한 신제품 수출을 상반기보다 50% 끌어올리는 것이 마케팅팀의 하반기 성과목표로 주어졌습니다. 마케팅팀은 현장 조사를 통해 자료를 모았고, 이에 따라 조감도도 잘 만들어냈습니다. 아래는 마케팅팀이 만든 조감도입니다.

구분	상반기 판매량	하반기 목표 판매량
중국	10만 켤레	11만 켤레
남미	7만 켤레	9만 켤레
일본	2만 켤레	6만 켤레
동남아	1만 켤레	4만 켤레
합계	20만 켤레	30만 켤레

위의 표를 보고 가장 집중해야 할 타깃을 골라봅시다. 많은 사람이 이 표를 보고 11만 켤레의 양말을 팔아야 하는 중국 시장에 집중해야 한다고 답했습니다. 여러분은 어떻게 생각하십니까?

아래 표를 다시 살펴봅시다.

구분	상반기 판매량	하반기 목표 판매량	증감
중국	10만 켤레	11만 켤레	+110%
남미	7만 켤레	9만 켤레	+128.6%
일본	2만 켤레	6만 켤레	+300%
동남아	1만 켤레	4만 켤레	+400%
합계	20만 켤레	30만 켤레	+150%

기대하는 결과물이 무엇인가?

단순히 판매량으로만 보면, 이 회사의 주요 고객은 중국과 남미 시장입니다. 그런데 하반기 판매 증감률을 보면, 주요 고객이 아닌 일본과 동남아 시장으로의 수출량을 많이 늘려야 한다는 사실을 알 수 있습니다. 상반기 대비 일본 시장에서는 300%, 동남아 시장에서는 무려 400%나 수출 물량을 늘려야 합니다.

중국과 남미는 이 회사의 주요 타깃인 만큼 고객 분석이나 광고·홍보 전략도 어느 정도 틀을 갖추고 있을 것입니다. 따라서 마케팅팀이 선택하고 집중해야 할 타깃은 일본과 동남아 시장이라고 할 수 있습니다.

이를 조감도의 중심축을 이루는 '핵심 구성요소'라고 합니다. 사람들이 가장 흔히 저지르는 실수도 바로 이 부분에서 나타납니다. 단순히 절대적인 수치만을 보고, 가장 비중이 큰 부분을 조감도의 핵심 구성요소로 착각하는 것 말입니다. 조감도에 쓰인 수치만으로는 해석하기 어려울 때가 많습니다. 시장 상황, 고객 분석, 전년도 혹은 전월 매출 등 여러 복합적인 요소들을 고려해 상대적으로 해석해야 할 때가 많습니다. 따라서 단순한 수치만으로 선택과 집중의 대상인 핵심 구성요소를 정하는 것은 위험한 방법입니다.

현명하게 선택하고 집중해서 위기를 극복하고 제2의 도약에 성공한 기업이 있는가 하면, 그릇된 선택과 집중으로 파산한 기업도 있습니다. 정반대의 길을 걸은 코닥Kodak과 후지필름Fuji Film이 이를 잘 보여줍니다.

필름 업계에서는 이미 1980년대부터 산업의 사양화를 예측했습니다. 그러나 당장 매출이 크게 일어나는 필름 사업을 접는 것이 어디 쉬운 일이었겠습니까? 그러나 2000년에 후지필름 CEO로 취임한 고모리 시게타카古森重隆 사장은 미래를 이끌어갈 신사업을 과감하게 선택했고 이에 집중했습니다. 당시에도 매출의 20%는 필름 사업에서 발생했지만, 그의 새로운 조감도에서 필름의 비중은 아주 미미했습니다. 대신 그는 전자소재, 화장품 등을 핵심 구성요소로 조감도를 그렸습니다. 그 결과, 후지필름은 사업 다각화에 성공하여 디지털카메라, 사무용 기기, 전자소재 및 화장품 사업으로 안정적인 매출을 올리며 신사업을 발전시킬 수 있었습니다.

반면 100년 넘는 전통을 자랑하는 아그파Agfa 와 코닥은 필름 사업에 미련을 버리지 못한 채 신사업에 집중하지 않았고, 결국 파산하고 말았습니다. 선택과 집중이라는 명제의 가장 뚜렷한 명암을 보여주는 사례라고 할 수 있습니다.

선택과 집중의 갈림길에서 안전한 길을 선택하면, 당장은 큰 문제가 생기지 않습니다. 결과에 대한 확신이 있기에 집중하기도 쉽습니다. 그러나 모험을 선택하면, 그 순간부터 여러 난관에 부닥치기 마련입니다. 당장은 만족할 만한 결과를 거두지 못할 수 있어서 집중하기도 쉽지 않습니다. 그러나 그 모험이 탄탄한 근거와 용기를 바탕으로 선택하고 집중한 결과라면, 분명 알찬 결실이 되어 돌아올 것입니다.

기대하는 결과물이 무엇인가?

핵심 구성요소를 선택하는 단계까지 왔으니 이제 조감도를 거의 다 그린 셈입니다. 핵심 구성요소는 전체 목표 조감도를 구성하는 세부목표, 조각목표라고 할 수 있습니다. 그림 퍼즐을 맞춰본 적이 있는 사람은 누구나 알겠지만, 퍼즐의 전체 그림이 있고 조각으로 잘게 나뉜 그림이 있습니다. 핵심 구성요소는 조각 퍼즐이라고 할 수 있습니다. 이때 마지막으로 한 가지 더 생각하면 좋은 것이 있습니다. 만약을 대비한 플랜 B입니다. 이것까지 갖춘다면 여러분의 조감도는 매우 견고해질 것입니다.

플랜 B를 마련하라

'교토삼굴狡兔三窟'이라는 말이 있습니다. '똑똑한 토끼는 위기에 대비한 3개의 굴을 가지고 있다'라는 뜻으로, 손자병법에 기록된 전술 중 하나입니다. 무엇을 하든 대비책, 즉 플랜 B를 마련하라는 가르침입니다.

조감도를 아무리 상세히 그려놓아도 언제든 예기치 못한 변수가 생길 수 있습니다. 이때 필요한 것이 바로 플랜 B입니다. 중국 제나라 맹상군의 문하생이었던 풍환은 플랜 B, 즉 '교토삼굴'의 기지를 발휘하여 맹상군이 위기를 모면할 수 있게 해주었다고 합니다. 중국 고전에서도 중요하게 다룬 풍환의 플랜 B를 소개합니다.

풍환은 중국 제나라 맹상군의 문하생이었습니다. 맹상군은 학식이 뛰어난 재상으로, 중국 전역에서 수천 명의 사람이 그를 찾아 모여들곤 했습니다. 풍환도 그중 한 명이었는데, 그는 딱히 재주가 있는 것도, 학문에 뛰어난 것도 아니었습니다. 그러던 중 맹상군이 수많은 문하생을 부양하고자 설薛 마을 주민들에게 꾸어준 돈을 돌려받아야겠다고 결심했고, 풍환이 그 일을 대신 해주겠노라 자청했습니다.

그런데 풍환이 설 마을에 가보니 사람들이 가뭄으로 굶주리고 있어서 빚을 갚을 상황이 아니었습니다. 측은지심이 발동한 풍환은 맹상군이 빚을 모두 탕감해주었다고 거짓말을 했습니다. 설 마을 사람들은 맹상군의 은혜에 감격했지만, 풍환은 그 일로 맹상군의 노여움을 사고 말았습니다.

1년 후 맹상군이 왕에게 미움을 사서 재상직에서 물러나자, 풍환은 소식을 듣고 맹상군에게 설 마을에 가서 살라고 권유했습니다. 맹상군은 허탈한 마음으로 설 마을로 향했는데, 설 마을 사람들은 자신들의 빚을 눈감아준 맹상군을 크게 환영하며 정성을 다해 모셨습니다. 맹상군은 풍환에게 이렇게 물었습니다.

"예전에 설 마을 사람들의 빚을 탕감해준 것은 이런 위기를 예상하고 한 일인가?"

그러자 풍환이 이렇게 답했습니다.

"똑똑한 토끼는 위기에 대비하여 구멍을 세 개 뚫습니다. 지금 맹상군께서는 한 개의 굴을 뚫었을 뿐입니다. 제가 나머지 두 개의 굴도 마저 뚫어드리겠습니다."

후에 맹상군이 위기를 맞이하자, 풍환은 맹상군이 다시 재상직에 복귀하도록 성심성의껏 도우며 그 약속을 충실하게 지켰습니다.

놀고먹고 학식도 뛰어나지 않았던 풍환은 가장 중요한 순간에 맹상군에게 미리 마련해놓은 플랜 B를 꺼내놓았습니다. 만약 그의 플랜 B가 없었다면 맹상군은 시골에서 허망하고 외롭게 여생을 보냈을 것입니다. '교토삼굴'은 플랜 B를 이야기할 때 가장 많이 인용되는 사자성어 중 하나입니다. 최고의 전략서인 손자병법에서 중요하게 이야기하는 전술인 점을 보아도 알 수 있습니다.

이렇듯 조감도를 제대로 실천하기 위해서도 플랜 B를 미리 준비해야 합니다. 그러지 않으면 아주 작은 돌발 변수에도 민첩하게 대응하지 못하고 쉽게 좌절할 수 있습니다.

어떤 사람들은 플랜 B를 두고 '실패를 예견하고 미리 대비하는 것 아닌가?'라며 부정적으로 인식하기도 하는데, 이는 잘못된 생각입니다. 플랜 B는 플랜 A를 역동적으로 실행하기 위한 밑천입니다. 유명한 갬블러들은 '가진 밑천이 많아야만 과감히 베팅한다'라는 철칙을 세워놓는다고 합니다. 믿는 구석이 어느 정도 있어야 좋은 결과를 얻을 수 있기 때문입니다. 플랜 B도 마찬가지로 생각하면 이해하기 쉽습니다.

플랜 B를 주제로 기업 강의나 성과코칭을 할 때 반드시 강조하는 부분이 하나 있습니다. 전략뿐 아니라 인력관리에도 플랜 B를 세워야 한다는 점입니다.

천만 관객을 모으며 큰 인기를 끌었던 영화 「광해, 왕이 된 남자」를 기억하십니까? 저는 이 영화를 열 번 넘게 반복해서 봤습니다. 이 영화는 조선왕조 15대 왕인 광해군 시절, 독살 위기에 놓인 왕을 대신하게 된 천민 하선의 이야기를 소재로 하고 있습니다. 허균은 왕이 위험에 빠지자 재빨리 왕을 닮은 하선을 왕위에 앉힙니다. 하선은 난폭한 광해군과 달리 따뜻한 인간미를 보이며 무난하게 역할을 수행했고, 진짜 광해군이 복귀하는 날까지 백성을 위한 정치를 합니다. 왕 없이도 국정을 무난히 이어갈 수 있도록 하선이라는 플랜 B를 재빨리 마련한 허균의 기지가 돋보이는 영화였습니다.

「광해, 왕이 된 남자」는 지어낸 이야기였지만, 실제로도 인력에 대한 플랜 B를 마련하는 것은 매우 중요한 준비 과정입니다. 기업에서는 보통 전략에 대한 플랜 B는 어느 정도 준비하는 데 반해, 사람에 대한 플랜 B에는 무심한 경우가 많습니다. 일은 사람이 하는 것이 맞지만, 그렇다고 일이 사람을 따라가서는 안 됩니다. 하지만 늘 어느 정도는 위인설관爲人設官에 빠지는 것 또한 사실입니다. 기업으로서는 사람이 언제든 바뀔 수 있다는 생각을 가져야 안정적으로 조감도를 실행할 수 있습니다.

사실, 플랜 A를 준비하기도 쉽지 않은데 플랜 B까지 준비하기는 더더욱 쉽지 않습니다. 그런 이유로 마음속으로 플랜 A가 잘될 것이라고 애써 믿으려는 자세를 보이기 쉽습니다. 자신의 선택을 무한 신뢰하는 심리적 경향에 기인하는 결과라고 할 수 있습니다. 심리학에서는 이를 확증편향確證偏向, Confirmation bias이라고 합니다. 사실 플랜 A의 성공 확률은 생각보다 훨씬 낮을 수 있습니다. 그러니 자신의 확증편향에 가려 플랜 A를 냉정하게 판단하지 않은 것은 아닌지 진지하게 생각해 볼 필요가 있습니다.

플랜 B는 조감도를 그리는 초기 단계에서 중요하게 준비되어야 하지만, 안타깝게도 이를 그대로 따르는 사람들은 많지 않습니다. 늦더라도 조감도를 실행으로 옮기기 전에는 반드시 플랜 B를 준비해야 합니다. 최고의 팀은 공격만 잘하는 팀이 아닙니다. 물론 수비만 잘하는 팀도 최고의 팀이 될 수 없습니다. 최고의 팀은 공격과 수비에 모두 능수능란해야 합니다. 최고의 전략가 역시, 공격을 위한 플랜 A와 함께 상대방의 반격을 막아내기 위한 최소한의 플랜 B를 철저히 준비하고 실행하는 사람입니다.

여기까지 기대하는 결과물과 조감도에 관한 모든 설명을 마쳤습니다. 기대하는 결과물과 조감도의 효용은 매우 넓습니다. 회사 일에서 성과를 창출해낼 때도 큰 역할을 하지만, 그밖에 삶에서 이루고자 하는 모든 일에도 큰 역할을 합니다. 이미 여러분께서도 많은 경험이 있으리라 생각합니다.

이 책을 덮고 난 뒤부터는 아무리 사소한 일이라도 기대하는 결과물부터 생각하고 일을 시작해보기를 강력하게 권합니다. 이 생각을 통해 당신이 하려는 일의 기대하는 결과물을 확실히 알게 될 것이며, 어느 방향으로 가야 하는지도 정확히 파악할 수 있을 것입니다. 시간과 노력의 낭비가 사라져서 더 없이 효율적으로 일할 수 있게 되고, 실수 또한 현저히 줄어들게 됩니다. 혹여 도중에 만날 수도 있는 역경을 잘 극복할 수 있음은 물론입니다. 마지막에 당신이 손에 쥐게 되는 성과 또한 무엇을 상상하든 그 이상으로 크고 명확할 것입니다.

내가 하는 일의 결과가 달라지면 나를 둘러싼 모든 것이 달라지기 마련입니다. 결과적으로 이 모든 것은 기대하는 결과물이 또렷한 사람만이 가질 수 있는 크나큰 특권입니다. 작은 불씨로 거대한 불꽃을 만드는 방법은 어렵지 않습니다. 내 삶을 타오르게 할 불꽃의 시작, 바로 '기대하는 결과물이 무엇인가?'라는 첫 번째 질문입니다. 이 책으로 여러분 마음속에 기대하는 결과물이라는 작은 불씨가 새겨지기를 간절히 희망합니다. 누구든지 자신의 삶에 찬란한 불꽃을 만들 수 있습니다. 망설이지 말고 지금 당장 오늘 내가 기대하는 결과물이 무엇인지 생각해봅시다!

조감도는 기대하는 결과물이 실현된 상태의 모습을 상세히 그린 것입니다. 기대하는 결과물이 더욱 구체화 되고, 무엇을 실행해야 하는지도 확실해지므로 원하는 성과를 거둘 확률도 그만큼 커집니다.

1. 모든 재료를 펼쳐라

기대하는 결과물을 실현할 현장의 데이터가 조감도의 핵심자료입니다.

• 실행 팁

- 미국 드라마 「닥터 하우스」처럼 아무런 제한 없이 해당 주제를 둘러싼 모든 현상을 적어보는 '화이트보드' 회의를 해봅니다.
- 일반적인 데이터는 반드시 현장 데이터와 함께 생각해야 시너지가 난다는 사실을 기억합니다.

2. 숫자로 구체화하라

조감도를 그릴 때는 누가 봐도 이해할 수 있도록 수치화해서 정확하고 상세하게 그립니다.

• 실행 팁

- 질문을 거듭하며 조감도의 구성을 모두 수치화하여 적습니다.
- 결과치를 놓고 그로부터 역산하여 조감도를 그립니다.

- Will Be가 아닌 Must Be라는 사실을 잊지 않습니다.

3. 선택하고 집중하라

조감도에서 핵심 구성요소를 파악하고 거기에 집중하면, 한정된 시간과 자원을 효율적으로 사용할 수 있습니다. 만약을 대비한 플랜 B를 마련해 위기에 대처할 수 있도록 준비합니다.

● **실행 팁**
- 절대적인 수치가 아닌 상대적인 비중을 생각하여 핵심 구성요소를 정합니다.
- 플랜 B는 전략뿐 아니라 인력에도 문제가 없도록 적극적으로 준비합니다.

기대하는 결과물이
자기 주도적인 실행을 결정한다

무슨 일을 하든지, 일을 시작하기 전에 기대하는 결과물의 기준을 구체화하는 일은 꼭 필요합니다. 그 과정이 실행 방법을 결정하기 위해 필수적인 절차이기 때문입니다. 일을 하는 목적은 기대하는 결과물의 기준을 성과로 창출해내는 것입니다. 이 과정은 마치 집을 짓거나 구조물을 공사하는 과정과도 같습니다.

집을 짓기 위해서는 먼저 도면 위에 조감도와 평면도를 설계해야 합니다. 짓고자 하는 땅의 현황을 파악하고, 파악한 현황을 바탕으로 건축주가 원하는 건물의 도면을 설계하는 것이 첫 번째 일입니다. 일도 마찬가지입니다. 일을 해서 정해진 기간 내에 수요자가 원하는 성과를 창출해내려면, 수요자가 기대하는 결과물을 건축물의 설계도면처럼 구체화해서 사전에 합의하는 과정을 거쳐야 합니다.

이 과정이 지켜지지 않으면, 일 자체를 시작하지 말아야 합니다.

설계도면을 그리는 이유는 도면에 그려진 대로 시공하기 위해서입니다. 일도 마찬가지입니다. 일을 시작하기 전에 기대하는 결과물의 기준인 '목표'부터 구체화하는 이유는 실행을 제대로 하기 위해서입니다. 기대하는 결과물의 기준에 따라 실행해야 원하는 성과를 창출해 낼 수 있습니다.

그동안 많은 사람들은 일할 때 무엇을(what), 언제까지(when), 왜(why) 해야 하는지를 중심으로 생각해 왔습니다. 그러나 '기대하는 결과물이 무엇인가' '기대하는 결과물을 위해 투입할 수 있는 시간은 얼마인가'에 대해서는 상대적으로 소홀히 해 온 것이 사실입니다.

열심히 일하다 보면 좋은 결과가 나오는 것이 아니라, 기대하는 결과물이 나올 수밖에 없도록, 일을 인과적으로 실행하는 것이 관건입니다. 그러기 위해서는 일을 하기 전에 기대하는 결과물의 기준을 건물의 설계도면처럼 구체화하고, 기대하는 결과물 중심으로 실행 방법을 고민하고 실행하는 과정이 필요합니다. 이것이 바로 '제대로 열심히 일하는 방법'입니다.

실행을 강조하는 책들은 무수히 많습니다. 여러분들은 실행을 제대로 하기 위해 가장 중요한 포인트가 무엇이라고 생각하십니까? 즉시? 반드시? 될 때까지? 포기하지 않고? 매일 조금씩? 물론 이러한 포인트들이 실행을 위한 하나의 지침이 될 수는 있습니다. 그러나 실행 방법을 결정하지는 못합니다.

실행을 결정하는 기준은 당연히 기대하는 결과물의 기준입니다. 실행력을 높이는 가장 중요한 요소는 바로 '기대하는 결과물'을 구체화하는 것입니다. 여러분 중 혹시 다른 방법을 알고 있는 분이 있다면, 저에게 제안해 주시기 바랍니다. 기꺼이 검토하고 회신해 드리겠습니다. 아무리 훌륭하고 멋진 집을 짓고 싶어도, 그 집을 구체적으로 설계하지 못하면 지을 수가 없습니다. 설계도면은 시공을 위한 의사결정의 기준입니다.

대부분의 기업과 조직들은 중장기 비전을 실행하기 위해 목표를 설정하고 전략과제를 도출합니다. 그러나 전략과제를 수행해서 거두려는 성과목표, 즉 '기대하는 결과물'이 무엇인지는 애매모호합니다. 기업마다 연간 경영목표, 매출, 이익목표 등을 수치화하고, 그것을 이루기 위한 전략과제를 구체화해서 실행합니다. 그러나 전략과제 수행의 '기대하는 결과물'이 구체적으로 무엇인지는 명확하지 않습니다. 그저 전략과제들을 수행하다 보면 매출이나 이익목표가 달성될 것이라는 막연한 희망을 가질 뿐입니다.

매월, 매주 팀이나 개별 팀원들이 기간별로 실행해야 할 핵심 과제들을 3~5가지씩 정하고 마감기한due date을 정해서 실행합니다. 그런데 대부분은 과제를 기간 내에 완료하기 위한 액션 플랜이나 세부 추진 계획을 수립해서 실행률과 실적을 관리해 나갑니다. 사전에 기대하는 결과물을 구체화하지 않은 채, 액션 플랜대로 열심히 일하다 보면 과제 수행이 완료될 것이라는 생각으로 일하는 겁니다. 단순히 과제 수행을 완료하는 것이 목적이 아니라, 기대하는 결과물의 기준대로 성과를 창출하는 것이 목적일 텐데도 말입니다.

물론 일을 실행해 나가면서 주간 업무회의나 결재 과정을 통하여 상위리더가 지침을 주고 수정·보완해 나가기도 합니다. 그러면 결국 상위리더가 기대한 대로 결과물이 완성되기는 하겠지만, 실행하는 사람 입장에서 보면 목적지도 잘 모르는 채 그저 상급자가 시키는 대로 수동적으로 일하는 모양새입니다.

이런 상황에서 과연 실행하는 사람이 오너십을 가지고 자기 주도적으로 일할 수 있을까요? 결코, 그럴 수 없을 겁니다. 많은 기업이나 조직들이 "구성원들의 행복이 우선이다" "자기 주도적으로 일하는 문화를 만들겠다" "신바람 나는 조직 문화를 만들겠다"라고 말합니다. 그런데 정작 구성원들이 신바람 나게, 자기 주도적으로 일하도록 만드는 핵심 절차, 즉 '일을 하기 전에 기대하는 결과물을 사전 합의하는 프로세스'에 대해서는 별로 관심이 없습니다. 몰라서 못 하는 것일 수도 있고, 별로 중요하지 않다고 생각해서일 수도 있습니다. 그러나 일하는 방식의 변화, 신바람 나게 일하는 문화를 만들기 위해서는 상급자가 일하는 과정에 일일이 개입하거나 방임하는 게 아니라, 일하기 전에 기대하는 결과물에 대해 구체적으로 합의하는 것이 무엇보다 중요합니다.

기대하는 결과물의 기준, 즉 일의 목표는 리더의 대리인 역할을 합니다.

상사가 업무를 지시하고 보고받는 방식이 아니라, 구성원들이 스스로 자신의 역할과 책임을 제대로 수행하는 자율 책임경영 프로세스를 정착시켜야 합니다. 그러려면 무슨 일을 하든, 얼마의 시간이 걸리든, 모든 일을 하기 전에 기대하는 결과물을 상하 간에, 일을 시키는 사람과 실행하는 사람 간에 사전에 합의해야 합니다. 그것이 핵심입니다.

성과를 창출하는 사람들의 첫 번째 질문

기대하는 결과물이 무엇인가

초판	1쇄 인쇄 2025년 6월 5일
	1쇄 발행 2025년 6월 10일

지은이	류랑도
펴낸이	박경수
펴낸곳	페가수스

등록번호	제2011-000050호
등록일자	2008년 1월 17일
주소	서울시 노원구 월계로 334, 720호
전화	070-8774-7933 팩스 0504-477-3133
이메일	pegasusbooks@naver.com

ISBN   978-89-94651-61-3 03300

※잘못된 책은 바꾸어 드립니다.
※책값은 뒤표지에 있습니다.

이 책은 이전 출간된 〈첫 번째 질문〉의 완전개정판입니다.